YI SHUI SHI HUA

贾延清◎主编

中央编译出版社
Central Compilation & Translation Press

图书在版编目(CIP)数据

易水史话 / 贾延清主编 . —北京：中央编译出版社 , 2015.10
ISBN 978-7-5117-2722-0

Ⅰ.①易… Ⅱ.①贾… Ⅲ.①易县—地方史 Ⅳ.①K292.24

中国版本图书馆 CIP 数据核字 (2015) 第 142711 号

易水史话

出 版 人：	刘明清
出版统筹：	董 巍
责任编辑：	程 彤 曲建文
责任印制：	尹 珺
出版发行：	中央编译出版社
地　　址：	北京西城区车公庄大街乙 5 号鸿儒大厦 B 座 (100044)
电　　话：	(010) 52612345 (总编室)　　(010) 52612363 (编辑室)
	(010) 52612316 (发行部)　　(010) 52612315 (网络销售)
	(010) 52612346 (馆配部)　　(010) 66509618 (读者服务部)
传　　真：	(010) 66515838
经　　销：	全国新华书店
印　　刷：	北京溢漾印刷有限公司
开　　本：	787 毫米 ×1092 毫米 1/16
字　　数：	120 千字
印　　张：	13
版　　次：	2015 年 10 月第 1 版第 1 次印刷
定　　价：	38.00 元
网　　址：	www.cctphome.com　　邮　箱：cctp@cctphome.com
新浪微博：	@ 中央编译出版社　　微　信：中央编译出版社（ID：cctphome）

凡有印装质量问题，本社负责调换。电话：010-66509618

顾　　　问：吕志军　马化民
总　策　划：李光耀　杨春立

编委会

编委会主任：郄　光
编委会副主任：贾瑞增　周长富　王旭波　崔明德
编委会成员：孙鹏羽　耿保仓　张叶文　衡志义
　　　　　　吕志毅　贾延清　邹洪利　赵明德
　　　　　　刘　阜　贾力强　贾丽霞　许晓娜
　　　　　　贾晓东　贾力东
主　　　编：贾延清
副　主　编：赵来全　贾力强　常景亮　赵来全　蔺友仁
编　　　辑：王　恒　杨宝赋

中华文明从易水走来
（代序）

易县8000年人类活动史、5000年炎黄奋斗史、2400年慷慨悲歌史、1400年置州管县史、280年皇家陵园史、70年红色革命史，无不记载着易县的文明发展、沧桑巨变。

作为有着古老灿烂文明的"千年古县"，易县有不少文化古迹、历史名人和传奇故事，许多堪称全国之最，有些更是绝无仅有。它是以北福地考古挖掘为标志，最早出现农耕文明的发祥地；它是炎黄二帝联合打败蚩尤，实现中华民族第一次大融合的大后方；它是易氏部落总结归纳八卦，最终形成早期《易经》的活动区；它是壮士荆轲西去刺秦，留下"风萧萧兮易水寒，壮士一去兮不复还"千古绝唱的出发地。正所谓中华文明从易县走来，炎黄子孙从易县叫起，易经文化从易县发源，荆轲刺秦从易县出发。悠久的历史、灿烂的文化、不朽的传奇，一同构成了深远厚重、绚丽多姿的易水文明。发掘易县文化、传承易水文明是我们的责任和义务，也是加快京南生态旅游文化名城建设的必然要求。一直以来，我们就期望能有这么一本著作，去大力推介易县历史文化，全面展现易水文明成果。恰逢此时，贾延清同志怀着传承易水文明的强烈使命感，编写了《易水史话》一书。

本书在撷取易水文化方面做出了有益尝试，对易水文明成果做出了较为全面的概括，为易水文明史的研究做出了重大贡献，是易县人民了解易县文化、感知易水文明的精神食粮。真诚希望社会各界人士及易水文化爱好者，以热爱易县、奉献易县、建设易县为己任，积极投入挖掘易县文化、展示易水文明中来，不断丰富和发展易县厚重的文化内涵，为易县京南生态旅游文化名城建设增力助推。

杨义宝

2015年

前 言

伟大、勤劳、智慧的中华民族，历史悠久，源远流长。辽阔的中华大地，无处不彰显中华民族的千古文明。神奇的易水，是中华民族的发祥地之一，厚重的优秀文化，从这里辐射全国、走向世界。

黄河是中华民族的母亲河。谭其骧教授经过几十年的研究认定：古黄河从这里掉头东去进入大海。古易水在这里与黄河汇合，成为古黄河的重要分支。

太行山、燕山在这里交汇，并与华北平原接壤，形成独特的地貌：河流、平原、丘陵、高山样样齐全，地貌丰富多彩。

科学家研究植物孢子的演变认定：古代这里在相当长的时期内，年平均气温比现在高2℃以上，相当于今长江以北、淮河以南之间的区域气候——温暖、潮湿、水量充足，极宜人类生存与发展。五六十万年以前的北京猿人化石发现地——周口店，距此不足60公里；距今2.8万年的涞水智人化石，距此不足10公里，距今150－200万年的阳原泥河湾古人类遗址，直线距离距此100公里多一点儿。

无疑，易水流域是中国古人类活动的重要区域。

进入新石器时期后，易水流域的古代先民们，又以自己的勤劳与智慧，演绎出诸多优秀文化，形成丰富多彩、独具特色的易水文明，大大丰富和发展了中华文明的宝库。

一　易水文明是中华文明最古老的文明之一

南易水、中易水、北易水统称易水。我国考古工作者对南易水的南庄头、中易水的北福地、北易水的七里庄的考古发掘，把中华民族的历史推到距今万年以前。考古成果证明，易水一带曾是中国古代北方文明与山东文明（北福地）、中原文明（七里庄）融合的地带。中国古代北方文明与山东、中原文明的融合，无疑使易水成为我国古代文明程度最发达的地区。

二 易水文明是炎黄文明的源头

我们讲中华五千年文明史，实际是指五千年的炎黄文明史。《史记》记载，黄帝同炎帝战于"阪泉之野"，"三战得其志"，同蚩尤战于"涿鹿之野，遂擒杀蚩尤"，"合符釜山"，实现了中华民族历史上第一次大融合、大统一，中华文明自此始。易县后山文化研究、徐水釜山文化研究都表明：炎、黄、蚩三大部族的融合，主要发生在易水流域。

三 易水文明大大丰富了中华五千年文明

研究发现，黄帝正妃嫘祖——蚕姑圣母发明养蚕缫丝染五色衣裳，伶伦创五音十二律发明中国音乐，黄帝建房屋、造宫殿、发明车船以及种桑麻繁养六畜等农耕文明，仓颉公图百像始制文字，有曦和理天文驾行日月，大挠祖作干支、创历初黄，岐伯公查经络、遍采芪黄等重大发明，都与易水联系在一起。

对易水文明的发掘保护与研究，任重道远。本书以《易水史话》为题，对易水文明中的部分成果进行收集整理，是发掘与抢救易水文明的大胆尝试，其不足和缺点肯定很多，衷心希望各专家学者和易水文化爱好者热心者，多多指正，以图同心协力，在新的历史时期，再造易水辉煌。

本书在收集整理过程中，得到中央、省、市、县各有关单位领导、专家学者、易水文化爱好者的无私支持与帮助，在此一并表示衷心感谢！

编　者

目 录

第一篇 历史易县

第一章 从易县走出的中华文明 ... 3
- 第一节 中华民族万年文明易水始 ... 3
- 第三节 后山是伶伦音乐的发祥地 ... 23
- 第四节 黄帝正妃与养蚕缫丝 ... 27
- 第三节 黄帝的指南车 ... 36
- 第六节 《易经》的源头 ... 38
- 第七节 汉字故里 ... 50
- 第八节 宗教的源头 ... 53

第二章 古老的易县 ... 55
- 第一节 玉文化 ... 55
- 第二节 农耕文明 ... 57
- 第三节 中国房屋建筑 ... 58
- 第四节 易水河畔冶铁的炉火 ... 61

第二篇　地理易县

第一章　最早的全年雨情预报站——易县云蒙山乳水洞石槽 ···················· 65

第二章　三千多年前的古天文台 ···················· 70

第三章　黄金台 ···················· 72

第四章　唐明皇御注道德经幢 ···················· 80

第五章　神秘的议纠臼石——史前民间调解组织标志物 ···················· 84

第六章　牡丹始祖 ···················· 86

第七章　易水砚 ···················· 87

第八章　清西陵 ···················· 92

　　（一）全国最大的石碑坊——雍正泰陵石碑坊 ···················· 93

　　（二）慕陵——全国最大的金丝楠木殿 ···················· 94

　　（三）中国最大的功德碑——雍正圣德神功碑 ···················· 96

　　（四）奇异的昌西陵回音壁 ···················· 99

　　（五）中国人自己设计修建的第一条铁路——高易铁路 ···················· 100

第九章　古都遗址——燕下都 ···················· 103

第十章　畿南第一雄关——紫荆关 ···················· 107

第十一章　易水宝塔 ···················· 109

第十二章　天下第一石——151花岗岩与天然石板 ···················· 111

第三篇　人文易县

第一章　舜帝老师许由 ···················· 115

第二章　"五行终始说"的创始人和"大九州"说的邹衍 ···················· 125

第三章　古代保密的楷模——田光 ···················· 128

第四章　刺客荆轲 ···················· 131

第五章	袭击秦始皇的艺术家高渐离	138
第六章	左伯桃与羊角哀	141
第七章	乱世政坛"不倒翁"冯道	144
第八章	名医张元素	149
第九章	阿部规秀之死	151
第十章	狼牙山五壮士	153
第十一章	《国共演义》作者沈鸿信	156
第十二章	红色将领	158
第十三章	重要缴获	160
第十四章	爱民模范谢臣	161
第十五章	军旅作家寒风	162
第十六章	作曲家唐诃	163
第十七章	著名书法家	165
第十八章	蔡英伟	168
第十九章	张保军	170

第四篇　风情易县

第一章	民间文艺	177
第二章	五大书院	180
第三章	彰显中华魂的易水民风	184
第四章	易州贡品	186
第五章	雪桃	189
第六章	上谷墨	190

第一篇　历史易县

第一章　从易县走出的中华文明

第一节　中华民族万年文明易水始

——兼论南庄头、北福地、七里庄考古成果
对后山黄帝文化的影响

贾延清

中华民族历史悠久，习惯上被称为"中华文明五千年"。但也有学者认为，应当是中华文明一万年。为什么呢？因为易水流域十多年来的考古成果足以表明：中华民族万年文明是存在的，而且是从易水开始的，并且对后来黄帝文化的形成与发展产生过重大影响。

南庄头史前文化遗址位于南易水的徐水漕河水库南堤内外，北福地史前文化遗址位于中易水北岸，七里庄文化遗址位于北易水易县县城东北3公里处。南易水、中易水、北易水统称易水，三处文化遗址已分别于1997年、2003年、2006年经国家考古发掘，并取得了丰硕成果。后山文化研究表明，易水一带的古代文明，对中国古代文化，特别是黄帝文化的形成与发展产生过重大影响。

（一）

南庄头史前文化遗址，位于华北平原西部，海拔50米，距太行山余脉15公里，东距白洋淀35公里，国家考古研究者分别于1986、1987和1997年对其进

古易水近貌

行了考古发掘，经碳-14测定，其年代距今约9700－10500年，是我国北方少有的新石器早期文化遗存。

北福地史前文化遗址，位于易县高村乡神石庄村毗邻中易水北岸台地上，处于太行山、燕山交界处与华北平原的结合部地带。1985年，河北省文物研究所与吉林大学考古专业联合组成拒马河流域考古队，调查发现了这处早期遗址，其面积达6万平方米，并进行了试掘。1997、2003、2004年，经国家批准，河北省文物研究所连续三次对北福地进行考古发掘，最终发现三个阶段新石器时代的文化遗存。此次发掘最重要的发现，是其年代与磁山文化、兴隆洼文化的年代大体相当——距今大约8000年，这在地域上填补了此二支文化之间的空白。遗址中发现了大量房址、灰坑，还发现了祭祀场遗址，出土了玉器、石器、陶器等重要遗物，特别是发现了大量陶刻假面具，是目前所见年代最早、保存最完整的史前面具作品，这就为研究原始宗教或巫术提供了新的重要资料。北福地遗址处于新石器时代北方、中原、山东三大文化区之间的交界地带，文化地理区位非常关键，是研究三系统之间错综复杂关系的重要地域。此外，遗址属于史前村落遗址,是研究早期新石器文化生存发展环境和人地关系的较好个案标本。该遗址考古发掘,获得中国考古最高奖——2004年度"中国十大考古新发现",并位居榜首,并已将该遗址列入国家重点文物保护单位。

七里庄位于易县县城东北3公里处,属北易水北岸,面积16万平方米,文化层堆积厚1-2米,南水北调中线工程设计渠线由西向东横穿遗址区,遗址面积6万平方米。省文物研究所于2006年进行抢救性发掘,发掘面积达7000平方米,共发现新石器至夏、商、西周、战国5个时期的文化遗存,其中尤以第二至第四期的商周时期文化遗存最为丰富。而该遗址的最大成果,是把此处人类活动的万年历史连成了一串,这在国内外是极为罕见的,因此在考古界引起了很大震动。

(二)

南庄头文化遗址发掘出土的遗物种类有陶器、骨器、石磨盘、石磨棒和人工作用痕迹的动物骨、角等,还发现了沟、灰坑和用火遗迹。陶器为夹砂灰褐陶和夹砂黄褐陶,类型为盂类、罐类、钵类等,主要是用来做炊器。其中骨器最引人注目,有骨锥、骨笄、骨镞等类型十余件。专家断言,此时期当地先民"已摆脱对洞穴的依赖而可到平原地区活动"。这一阶段的农业很可能是"火耕农业"。烧荒,焚而不耕,播而不锄。当时的经济方式是以传统的狩猎为主,兼及采集业,同时又极可能出现了新兴的种植业和饲养业。

而北福地的出土文物更加丰富,具体成果有六个方面:

1. 据地层关系将北福地遗址分为两个时期,即以盂与支脚为典型特征的第一期遗存和早于以釜、钵与支脚为典型特征的第二期遗存。这两个时期是前后承袭的关系,属早晚两个阶段的文化遗存,可分别称为北福地一期和北福地二期遗存。一期遗存年代较早,经碳-14测定距今约8000年。此乃华北地区目前仅晚于南庄头遗址的早期新石器遗存之一,已探明的遗址面积约3万平方米,文化层堆积0.5-1米左右,发掘面积1200平方米。

2. 出土了十几件陶刻面具,形制有大小之分,大者与真人面部基本相同,小的10厘米左右。面具图案有人面和兽面,兽面有猴、猪、猫科动物面,采用

中易水北福地史前文化遗址

的雕刻技法为阳刻、阴刻、镂空三种技法相结合。陶刻面具具有写实性、象征性和装饰性融为一体的艺术风格,为史前原始艺术的精品。每种面具四周都有小穿孔,应为系戴时穿绳之用,证明是原始人在参加祭祀活动时佩戴的。

3. 发现了灰坑和完整的房屋遗迹14座,分布较为密集,平面布局排列有序,具有一定规律,应属史前村落遗址。保存较完整的房址发现10座,其形制均为半地穴式,平面形状分长方形、近方形和近圆形三种。室内地面中央存红烧土灶面,周围分布有柱洞。房址出土遗物非常丰富,包括天然石块、石料、各种类型的石制品、陶器残片、陶刻面具作品、胡桃等。

4. 北福地一期文化遗存中,祭祀场所的发现是此次的重要收获。其平面近长方形,东西长10.8米,南北宽8.4米。其构造是直接挖建于生土之上,深20厘米。摆放的祭祀物品有陶盂、石斧、水晶饰件、陶环、玉器等90余件。祭祀形式与磁山遗址的"组合物"遗迹有一定相似之处。因此推断此处可能是原始人类为祭天地、祈求丰年而举行宗教仪式活动的场所。

5. 在上述祭祀场中，还摆放了一件大型石耜，即石犁，长46厘米，通体磨光。这种制作精细的大型石耜，是我国新石器早期遗址中第一次发现。其型体非常精美，石耜属于原始人的祭物，而且是被祭祀的对象，表明这个祭祀场是为了祈求农业丰收而设置的，也表明当时原始人对农业耕作的重视程度。

6. 北福地一期文化祭祀场中有少量玉器，只发现了玉玦、玉匕两种器型。在同时期的新石器遗址中，发现使用玉器的，在全国范围内仅辽宁一处。北福地祭祀场中的玉器，是非常重要的发现，表明此地原始人类对玉的性质有了初步了解，并制成了不同器型，使我国的玉器起源提早了1000年。

北福地史前文化遗址是目前整个华北地区仅晚于徐水南庄头的早期新石器遗址。这述六项重要发现，大多是中国之最，而且面积大，保存最好，已被批准为第六批全国重点文物保护单位。

前面说过，七里庄文化遗址共发现了新石器至夏、商、西周、战国时代5个时期的文化遗存，其中第一期属新石器时代，第二期相当于夏商时期，第三期为商代晚期至商周之际，第四期为商周之际到西周中期，第五期为战国时期，各个时期均有相应遗物出土。如第三、四期出土有半地穴式房址和灰坑，有陶器、小型铜器等，器型有鬲、甗、甑、盆等，其中尤以花边口沿鬲最具特色。第五期发现的陶盒与薄片石壁组合成套作为祭器的祭祀遗迹和以夹云母红褐陶绳纹釜最具典型性。特别是器型高大、造型独特的花讠小鬲，很容易从黄土高原地区的花边鬲群中区别出来，成为一种独特的地域文化的标志性器物。土著燕国文化的发现，对研究燕文化的形成与发展具有特别重要的意义。最值得注意的是在同一遗址存有五个时期文化层，它们把此地万年人类历史连成一串的罕见现象。因此，专家断言：这一带是中国古代北方文化与中原文化交流、碰撞、融合的地带，是古代文明最活跃的区域之一。

（三）

易水流域三处文化遗址的考古发掘成果表明：

1. 此处可考证的人类历史可上溯到万年。北福地约8000年和南庄头约

9700－10500年的碳-14测定结果，充分证明了这一点。

2. 南庄头、北福地遗址中大型磨制耙的发现、陶的发明与制造、房屋遗址和村庄的出现，表明这一带是中国农耕文明的发祥地之一。

3. 七里庄把新石器时期至夏、商、西周、战国五个时代的文化层集于一处，使此地人类万年历史连成一串，不仅表明这一带文化发展的连续性，而且被专家断言是中国古代北方文化与中原文化交错、碰撞、融合的关键地带，是古代文明最活跃的区域之一。

4. 专家断言，七里庄文化遗址的发掘，建立了易水流域乃至太行山北部东麓地区夏商周时期一个比较详尽的编年系统。

5. 七里庄遗址的发掘，填补了土著燕国文化的空白，对研究燕国之前的历史以及燕国文化的形成与发展提供了坚实依据，具有重要的意义。

6. 《史记·五帝本纪》表明，黄帝时期处于夏代之前。后山文化的研究表明，黄帝之所以选择易水一带的釜山、后山长期居住下来，并依此为根据地战胜蚩尤、联合炎帝，实现中华民族历史上的第一次大融合大统一，统一融合后出现了一个突飞猛进的发展时期，所有这些，都与当时易水一带的经济文化发展基础有极其重要的联系。三大文化遗址的考证，提供了充分的依据。

（四）

南庄头、北福地、七里庄文化对中国古代文化，特别是黄帝文化的可能影响如下：

1. 有专家曾指出，北纬温带是最适宜人类生存与发展的地带。南庄头、北福地、七里庄三大文化遗址正处于这一地带，而考古发掘成果，也证明了这一点。

2. 易县、徐水、涞水一带，处于太行山、燕山交界处与华北大平原的结合部地带，通常又称太行山北部东麓。南庄头、北福地、七里庄考古发掘表明，这里属"黄河流域"。专家认定，古黄河在这一带调头东去注入大海。这种特殊的地理位置，形成了易水流域极为独特的生态环境。这里地貌丰富：最低海拔35

米，最高海拔1860米，有平原、丘陵、浅山区、深山区，有黄河与其他河流纵横；在不同的海拔高度，有相应海拔高度的动植物群、禽类和昆虫，可以说是物华天宝、物产丰富，极适宜人类生存与发展，而物质的丰富又促进了文明的发展，三大遗址考古证明了这一点。几千年后，黄帝部族东迁为什么选择易水流域的后山、釜山一带长期居住下来，便可以理解了。

3. 《史记·五帝本纪》载：黄帝同炎帝战于"阪泉之野"，"三战得其志"；同蚩尤战于"涿鹿之野"，"遂擒杀蚩尤"。黄、炎、蚩三大集团在易水一带进行了史前规模最大最惨烈的战争，主要原因便是易水流域适宜人类生存和发展，是黄帝的"天府之国"，因此必为三方争夺对象。三大集团中，黄帝的力量是最薄弱的，但为什么黄帝最终能够战胜其他两大集团？除黄帝的领导正确、战略战术英明之外，最重要的原因便是充分依靠和发挥了易水一带的经济、文明优势。

4. 南庄头、北福地、七里庄的考古证明，易水流域是古代文明最活跃的区域之一。徐水、易县、涞水、满城一带现有的文化遗存，如盘神庙、盘神庙村、"三皇山"、"三皇庙"、黄帝祠、五帝洞、颛顼城（高阳）、尧山、文山、尧舜口等都表明，黄帝、颛顼、帝喾、尧、舜、禹等都曾长期在这一带生活、成长。这一带几乎成了毛泽东所说"自从盘古开天地，三皇五帝到如今"的中国历史的缩影。黄帝在"两战"后合符釜山，使社会政治经济有了一个突飞猛进的发展，使中华民族完全摆脱了茹毛饮血的荒蛮时代。对于这一变化，台湾著名作家、人文大师柏杨在《中国人史纲》中指出了原因："黄帝王朝大概是一个发明狂的时代，几乎人人都会随时发明些什么。"黄帝"发明了人们希望是他发明的一切东西，大至社会制度，小至日常使用的零星物件"，"这些使世界大大突飞猛进"。《五帝时代研究》作者许顺湛在其著作中怀着无限崇敬的心情指出，大量的文献记载描述了黄帝时代社会的基本状况：从只知其母不知其父到父系氏族社会；从夏居橧巢、冬居营窟到上宇下栋的宫室；从赤身裸体到丝麻衣着；从茹毛饮血到蒸煮熟食；从氏族到部落形成；从部落联盟到酋邦政权机构的出现；从自给自足农业到农业社会化，并出现了农正；从农闲手工业到手工业专门化，并出现了工正；从朴素的文化知识到庞大的知识阶层;从迷茫的天体崇拜到天象历法的认知;从自然形态管理社会到规范的礼仪制度;从刑政不用而治到内行刀锯、外用甲兵。文字、音乐、数术、中医中药、弓箭、车船等,也都是黄帝时代的发明。从釜山文化和后山文化的研究来看,养蚕缫丝织锦染五色衣裳,音乐、钟、笛、车、船、酒都是在易水这一带发明的。《后土宝卷·禘祖经》载,在房屋建设方面,当时后山有"无梁殿"。这些发明,单靠个别人的天才显然是不够的,而没有一个强大的社会财力、智力基础支持也是无法做到的。那么,这个强大的社会财力、智力基础支持,就是易水流域发达的社会政治、经济和文明基础。

第二节 中华第一祖山——后山

贾延清、李金泉

后山后土皇帝庙

后山,学名洪崖山。山上有以"后土皇帝庙"为主庙的古庙群。《易县志稿》载:"后土皇帝庙,俗称圣女庙,在县北35华里洪崖山上。上山十里,山径九道十八盘。按今庙祀女神。金云,女神为山居老妇,曾免汉光武帝于难,故祠祀至今。汉光武帝追铜马五幡贼,于县南徐水兵败,投崖遇救,退保范阳(见《水经注》)。然救之者为突骑王丰,老妇之说似不足凭。惟既称后土皇帝,当为祀黄帝轩辕氏者。史记黄帝与蚩尤战于涿鹿,又会诸侯于釜山,相传黄帝会诸侯之所,是则黄帝在易有祠理或然也。今乡民望走极盛,每岁三月,远近数县人民麋集进香,为邑中庙会之最盛者。"考后山黄帝庙历史,确如《后土宝卷·禘祖经》记载,黄帝在后(土)山称帝,会诸侯于釜山之阳,战蚩尤于涿鹿之野,实现了中华民族历史上第一次大融合、大统一。这与《史记·五帝本纪》记载相同。如果说黄帝生于河南新郑,葬于陕西黄帝陵,那么成就中华民族开基伟业则在后山。可以毫不夸张地说,中华民族从后山走来。后山就是名符其实的中华第一祖山。

(一)

洪崖山(俗称后山),因黄帝乐官洪崖(也称伶伦)而得名。

古代部落首领有两大任务:一是祭祀,祭天祭地祭祖,相当于现在的思想政治统治。二是打仗,以巩固、维护和扩大本部落的生存条件。黄帝部族长期在易水一带生活,设家庙祭天祭地祭祖。当时负责这项工作的是洪崖。由于此项工作是与黄帝接触最多的工作,所以洪崖的地位相当高,可称为黄帝的重臣或近臣。据《后土宝卷·禘祖经》记载,黄帝在后山称帝,炎黄联合打败蚩尤集团,然后迁都涿洲,正如史记所记载的"邑于涿鹿之阿",仍把洪崖留在后山替黄帝掌管这块宝地,后人为了纪念洪崖,于是就把后山称为洪崖山。

(二)

在《后土宝卷·禘祖经》和《史记》两部著作中,关于炎帝和黄帝同蚩尤战于"涿鹿之野",并最终实现中华民族历史上第一次大融合大统一的记载是相同的。

《后土宝卷·禘祖经》是后山文化非常珍贵的史料。禘者,是帝王才有权利举行的重大祭祀活动。《后土宝卷·禘祖经》禘的全是中华民族的始祖黄帝。这部著作由三部分组成：第一部分，综合记述了黄帝在后山称帝，战蚩尤，创历法、音乐、文字、中医中药、术数、车船，劝桑稼发展生产，实现中华民族开基伟业的历史功绩。第二部分详细介绍了炎黄联合，在涿鹿之野的黄土坡擒杀蚩尤的全过程。第三部分，记述了战胜蚩尤后，炎帝反水、黄帝平叛、"炎黄激战洛平川"、黄帝对战败的炎帝不杀不废，并且尊其为"大哥"，实现了炎、黄、蚩真正融合的丰功伟绩。"炎黄子孙"的称谓也从此开始。宝卷中所涉及的主要地区有易县、涞水、徐水、涿州等地。

汉代司马迁的《史记》中关于炎黄的记载，是有史以来最权威的记载。那么《史记·五帝本纪》中的"涿鹿之野"在哪里？对此，古今有两种看法：一是涿鹿是自然地名。《史记集解》曰："涿鹿，山名，在涿郡。"二是指古"涿鹿县"的行政地名。我国考古工作者仇凤琴在《西汉时期河北境内各诸侯国的世袭和疆域》一书中说："今涿鹿，汉代称"下洛"。汉代涿鹿在今怀来县西南三十公里处。其地域在今易县紫荆关北部，涞水县北部和北京房山一带。"

拒马河发源于涞源县，经易县，流经涞水、涿州一段，古称涿水，即涿鹿水。《水经注》和《水经注疏》记载，涿鹿山与涿鹿水均在涞水北部一带，包括今北京房山一部分。房山云居寺石经上明确记载："大辽涿鹿山云居寺。"涿鹿不管是指行政区域还是自然地名，都涉及今易县、涞水、涿州、房山等地。"涿鹿之野"必然包括其周边地区，范围就更大了。

由此可见，《易县志》、《后土宝卷·禘祖经》和《史记·五帝本纪》的记载完全一致。

从后山古庙群看，不仅有黄帝庙、炎帝庙（太阳殿），还有不少是纪念黄帝重臣的。史料载，九天玄女是帮黄帝战胜蚩尤的关键人物，后山有纪念她的九天殿，现为九龙殿；图百像始制文字的仓颉，铸五钟创十二音的中国音乐始祖伶伦，战蚩尤的得力将领、后担任黄帝宰相的风后，发明养蚕缫丝染五色衣裳的嫘祖，在后山及其附近都有他们的庙宇，即仓颉庙、海风后庙、伶伦祠、蚕姑圣母

后山祭祖川流不息

祠等。后山药王殿最早祭祀的不是中国历史上最著名的医生华佗、扁鹊、孙思邈等,而是黄帝医官、中医中药的创始人歧伯。

后山在近五千年的历史长河中始终昌盛不衰,来自全国各地的几十万乃至上百万人到后山进香,是中华民族对始祖黄帝长期祭拜的必然结果。试问,有哪一个庙宇能这样呢?更有甚者,后山及其附近有大量以黄帝及其重臣命名的地名,如黄帝崖(称黄崖)、黄帝山(黄龙山、黄山)、黄帝台、黄帝泉、共工坨……还有无数关于黄帝及其重臣的传说,如"黄帝战蚩尤莲花山大捷"、"黄帝三上蚕姑坨"、"黄帝釜山会诸侯"、"炎黄争位"、"炎黄同栽合欢树"等等,以及釜山、蚩尤坟、黄帝城等许多重要遗址,都在以后山为中心、直线距离五六十公里范围内。

所有这些都证明,黄帝当年确实以后山为根据地和指挥中心,联炎帝战蚩尤,实现了中华民族历史上的第一次大融合、大统一。所以,后山可以说是中华民族的第一祖山。

刘秀封后山黄帝祠为后山神庙,把后山由中华民族对祖始的崇拜与对土地的崇拜融为一体,后山黄帝祠成为后土黄帝庙,以后演变为"后土皇帝庙"。佛、道、儒的融入,使这座祖山成为祖、佛、道、儒四位一体的圣地。

(三)

有关记载后山黄帝始祖史料,摘录几例供大家欣赏。

如唐朝诗人胡曾,邵阳人,有《安定集》10卷,《咏史诗》150首,其中很多诗记述了历史人物和史实。如《涿鹿山》:

涿鹿茫茫白草秋,
轩辕曾此破蚩尤。
丹霞遥映祠前水,
疑是当年血淌流。

后山丹霞洞
寿鹏飞《易县志稿》

易县后山有丹霞洞(古称黄帝洞),山前有北易水,史称"儒水"。所以,读完此诗,你就会了解到,胡曾此诗是专门为后山而作的。

再有宋代著名史学家、文学家欧阳修曾说："易县后土皇帝庙,当祀黄帝,而后土娘娘庙,则祀西王母也。"

清乾隆皇帝在1747年和宰相刘庸来到后山祭祀始祖黄帝,并题写了"太宁宫"匾额,题写了楹联:功伟济斯民涿鹿庆云共仰神者惠政,德隆配天地燕山香火同钦在至坤元。在这副楹联中,乾隆皇帝将后山与黄帝战蚩尤于"涿鹿之野"的关系、作用和地位说得再清楚不过了。

附　《后土宝卷·禘祖经》
　　（南高洛珍藏）

黄帝嫘祖像（《后土宝卷·禘祖经》插图）

黄帝,上古帝王,华夏始祖（4700年前）。生于兖州寿丘（今山东曲阜）,少典之子。原姓公孙,号有熊氏。迁至姬水之畔轩辕坡,始创姬姓,号轩辕氏。领华族转战中原河北,据后土山称帝。汇诸侯于釜山之阳,战蚩尤于涿鹿之野,黄土坡大捷，尽逐黎蛮，遂收涿鹿（古称涿州，非现代涿鹿），领督亢（今涿州以东以南），回守中原。黄帝初造舟车、始制文字、创编历法、首倡农牧、发坚玉制刀兵、铸造十二编钟、创原始音乐，嫘祖始治蚕桑织丝帛、作五色衣裳，双祖广罗贤才，共创古华夏文明。

少典曾于姜水之滨配戎女有娇氏生炎帝，生勖（音旭）姓公孙，炎帝创姜姓，领羌族东进。炎黄逐鹿中原，分而合，共扫九黎叙同根，历史进入父系氏族时代。传说黄帝百妻，儿女繁多，有名氏记载二十五子。长子玄器之曾孙后稷为周天子祖先。

后土卷敬录随笔

夫今尚近神佛而远祖先也，自金大定二十八年后土佛庙立成，而祖庙既销迹矣。是之谓舍祖先有违规训，而敬神佛可得果报，此实乃急功近利之举也。素为人子之道，必当祭献有序，是宜首祭祖先，而神佛其次矣。想当初是先有祖先而后有神佛，其众生或可修成神佛，而断不能修成祖先也。其神佛实可敬，而祖祭定不可废之者。吾华夏源远流长，贤才辈出，此非先驱之余脉，祖宗之德荫耶。察此禘祖经卷，近乎为孤本，是为拜摹，以备传流者。聿托此念，是为赘序。

后土祠禘祖宝卷

展开经卷，祭献祖公，顶上诸神降坛中。随处结祥云，诚蔫方殷，诸神现金身，扶我元祖黄帝，嫘祖娘娘坐黄坛。禘祖经文初展卷，黄坛设座请诸神。天高地厚承先泽，祖功宗德启后昆，先贤先圣，元辅元功，圣子神孙，天地诸神，列座并为尊。

    宝卷奥无穷 宣卷要真诚
  禘祖经 初展卷 虔诚敬意
  未举意 先净手 摆上香牲
  一柱香 请初祖 轩辕黄帝

又请动　始祖母　嫘祖西陵
二柱香　请顶上　魃姑天女
又请动　女娲氏　补天娘娘
三柱香　请神农　百草医圣
又请动　伏羲氏　八卦元皇
四柱香　请羲和　巡天驭日
又请动　大挠氏　干支历宗
五柱香　请仓颉　造字文祖
又请动　洪崖公　乐圣伶伦
六柱香　请少昊　穷桑大帝
又请动　颛顼帝　高阳圣君
七柱香　请帝喾　高辛圣主
又请动　陶唐氏　尧帝先宗
八柱香　请舜帝　有虞圣祖
又请动　夏禹王　治水元功
九柱香　请仙翁　南星司寿
又请动　司社稷　地神谷神
十柱香　请天地　诸神诸圣
又请动　华夏族　列祖列宗
请罢了　神舆祖　各着圣位
同受享　礼乐祭　普降太平

　　后土宝卷，绕初展开，普请众神来，列祖列宗，三皇五帝，元辅元功列座神台，皇天后土，诸神诸圣，顶上祥云开，增福增寿，减祸消灾，礼乐敬三台。

　　　　坛前焚上香　叩拜祖神堂
　　　　天地祥光现　赐福保安康

祖经卷初开分第一

念初祖黄帝轩辕氏，祖后嫘祖西陵氏，率帝族元辅元功，圣子神孙，越千山涉万水，受皇天之佑，得后土之山，辟为行在。此山左有连绵丘屺，右有触天奇峰，背倚崇山峻岭，前面碧水川原，其间紫气氤氲，祥光辐辏，乃天资以帝王之基，旋有百寨来归，四夷来朝，唯是山左之黎蛮，觊觎我帝基，杀掠我帝族。我祖黄帝，遂汇诸侯于釜山之阳，战九黎于涿鹿之野，黄土坡擒蚩尤、诛黎蛮、收涿鹿、领督亢、踏燕山、临东海、百寨夷狄、尽附轩辕氏，千川鹿野唯有我儿男。

至此时三山五岳归姬姓，万里神州共华夷。

黄帝爷	振神威	扫清华甸
收涿鹿	领督亢	安抚戎羌
有仓颉	图百象	始制文字
先祖后	织丝帛	乃服衣裳
有羲和	理天文	驾行日月
大挠祖	作干支	创历初黄
有伶伦	定五音	始制钟磬
歧伯公	查经络	遍采芪黄
植五谷	种桑麻	繁养六畜
制车船	造城寨	立国兴邦
无贫寒	无富贵	温馨共享
我祖爷	经天地	功盖三皇

百族千寨，士民男女，衣布帛绵麻，有粱米牛羊暨车马，享父母妻儿之恩爱。饮水思源，感念帝后情长。

众儿女,感皇天,恩后土,爱家邦勤农事,春耕夏种,秋收冬藏,坡上草,放牧牛羊,阳关路,畅行车马,乐丰年,好个升平象,率土内盛世风光。

后土寨,彩云飞,黄帝宫房,无梁殿,青石瓦,浑如宝帐,更似天堂,玉石阶。九转三过,有婴儿姹女,乐奏东厢,百尺杆旗幡动,遍山峪,见凤舞龙翔。

黄帝灭蚩尤分第二

其羌族炎帝烈山氏，前者为九黎所追杀，撤离中原，辗转到燕山脚下，蚩尤紧追不舍，在涿鹿又遭败迹，遂投奔后土山黄帝寨前。情同手足，许之发兵破黎。遂进驻釜山，邀集各邦首领，兵分五路，出山迎战。其时九黎兵已杀过河来，据黄土坡扎寨，炎黄五路合围，黎人冲击数次，难以突破，祗为下山取水，死伤多人。蚩尤在山顶跪祷，搬请雨师风伯相助，二神驾风云而至，顿时乌云滚滚，风雨大作，我部人马无处藏身。黄帝爷即向南天求拜，邀来旱魃天女、火神祝融，二神空中作法，拂尘一扫，漫天晴透，火葫芦一开，烈烟纷飞，蛮兵大乱，我军乘势围攻，胜负已定矣。

九黎为乱腥中土，炎黄共命剪凶顽

　　黄土坡　连三顶　顶顶相救
　　九黎兵　生铁脚　奔走如梭
　　抖长枪　甩飞石　凶猛无比
　　我炎黄　兵马众　无奈他何
　　没料到　黄土坡　美中不足
　　下有河　上无水　饥渴难磨
　　蚩尤贼　逞凶威　直扑山下
　　涧水旁　设绊索　请君入河
　　蚩尤贼　陷水中　鸡刨鼠窜
　　我炎黄　甩绳索　撒下天罗
　　众黎蛮　顾生死　望南逃命
　　涿鹿城　东墙外　吊起蛮贼
　　张弓射　烈火烤　蚩尤命断
　　从此后　涿鹿原　驰我龙车

　　黎蛮既灭，四野欢歌，同庆太平年，千川鹿野，唯有炎黄儿女三千寨，相爱相安。围山打猎，傍水耕田，驱车走马，美满艳阳天。

　　黄帝爷，移驾东迁涿鹿城，三千儿女拔山寨，前呼后拥傍驾行，士民起造新家业，攻猎耕织度升平。捕鱼虾，作女红，男亲女爱信多情。

　　望前川，天高地阔水流平，督亢天府高腴地，沃野连川到东溟，早岁不知天宇大，今来方见莽原空。开疆土、筑新城，帝族基业起飞鸿。

黄帝灭黎蛮　范阳停驾銮

督亢天地阔　儿女任流传

黄帝平叛炎帝分第三

　　我祖轩辕氏，移驾范阳为帝，烈山炎帝并不肯称臣，旋乘釜山后土兵力空虚，竟引羌兵攻占，据后土寨室称帝，并追杀我华族儿女。黄帝爷闻报，即发兵讨伐，所向披靡，旋即收复釜山大寨。烈山炎帝离后土，拥兵对抗，炎黄激战乐坪川，帝孙姬挥，弯弓射下羌军帅旗，我军乘势冲杀，羌夷大败，逃入北山。黄帝率军追赶，翻山越岭追到大山背后，炎帝在阪泉落马被擒，羌夷尽数归降。黄帝命于此筑造涿鹿新城，留炎帝驻守。

《后土宝卷·陵祖经》插图

正所谓分合本是平常事，当教此合不再分。

黄帝爷	登涿鹿	百寨相随
拓疆土	开基业	万众欢欣
烈山氏	性刚强	信难相佐
反釜山	据后土	自立为君
患难时	也曾经	齐心协力
破敌后	太平年	难以为邻
逐华人	夺田产	违盟背誓
怒恼了	黄帝爷	挥兵驾临
收釜山	招族人	亲征反叛
乐坪川	摆战场	惨创羌军
逃边外	整旗鼓	负隅顽抗
追兵到	势难收	落魄失魂
荒山下	阪泉沟	羌王落马
我祖爷	发慈悲	扶起叛臣
炎帝爷	羞满面	跪地发誓

从此后　不犯华　永世为臣
荒山下　筑新城　亦名涿鹿
任由他　炎帝爷　为帝为君
顽者杀　迷者抚　帝王之术
息生民　安社稷　传之后昆
下五帝　称圣明　名扬青史
因效法　黄帝爷　惨淡为君

轩辕黄帝为君，慈爱为本恤生民，禀行天道，略武经文，衣成丝帛，钟制五音，车行辎重，大道通天门，东临沧海迎朝日、西冲瀚漠巡昆仑。跨江河，中原逐鹿任纵横，出山左，出山左，涿之鹿野逐黎人，安抚羌部示温馨，炎帝欣然作王臣，率土滨，星散黎人纵烟尘，从教化，从教化，五湖四海共留存。

　　率土行王道　羌夷附安康
　　苟能制侵凌　岂在多杀伤

第三节　后山是伶伦音乐的发祥地

刘阜、周长富、贾延清

易县后山（又称洪崖山）、涞水伶山均以黄帝乐官伶伦（又名洪崖）而得名。而在后山附近则广泛流传着一种几千年口头传承下来的、以伶伦五音十二律为基本乐律的古乐，我们称之为后山古乐。这种对古乐的传承，在易县、涞水相当广泛。比如，位于后山附近的南高乐就是一种从古流传至今的古乐，2006年5月已被批准为国家非物质文化遗产的代表作。有学者指出："它是一种古老的、原生态的民间音乐会，其中的祭祀音乐相传为华夏音乐始祖伶伦4000多年前所创黄帝家庙祭祀音乐的留存。"（《河北民间古乐工尺谱集成》，河北美术出版社2006年，第19页）

伶山伶伦祠花塔

伶伦，黄帝时的乐官，《吕氏春秋·古乐》说："昔黄帝令伶伦作律。"伶伦取长三寸九分之竹吹响，定为黄钟之宫，又制十二管，根据凤凰的鸣声，定出十二律，以其雄雌之声分为六律六吕。《吕氏春秋·古乐》说："伶伦即古仙人洪崖先生。"《列仙传》说："洪崖先生或曰黄帝之近臣伶伦也。"跨越易县北部、涞水西部的山脉，此处因伶伦长期生活和工作而得名"洪崖山"，即后山所在地。洪崖山涞水境内的山峦以伶伦命名为伶山，山上有伶伦指挥铸钟的钟模坑，坑附近至今还散落着许多金属废碴。距此不远的永阳镇坛山村曾出土一件编钟，为椭圆形，近似梯型，外部为乳钉几何纹，玉带形纽，年代尚未确定，但伶山一带确有铸钟的传统。涞水县娄村村民张玉花在少林寺发现了一座高两米的铁钟，上面铭文为："涞阳釜山制钟。"为此还拍摄了照片。涞阳即涞水的别称，可见伶山铸钟的历史是真实的。

伶山西侧有一片约七亩的平台，古称乐坪。相传是伶伦制造乐器、调试音准、培训乐工的地方。在古代，礼、乐、刑、政统称四政。乐有重要的教化作用。《说苑疏证·三十七》说："圣人作，为、鼓、控、揭、埙、箎，此六者，德音之音也。然后钟磬竽瑟以和之，干戚旄狄以舞之，此所以祭先王之庙也，所以献酬酢也，所以官序贵贱各得其宜也，所以示后世有尊卑长幼之序也。"意思是说圣人之乐，可善民心，易风俗，著先王之教。由此看来，乐坪不仅是伶伦开展音乐工作的地方，而且还是布教化、同民心、立治道的场所。对于这样一个有特殊作用的地点，历代都比较重视。现有辽代所建的花塔，为国家重点文物保护单位。塔高约10米，整个塔就像倒扣的巨钟，塔里没有佛像，雕刻的是着汉代服饰的乐工正在演奏乐器，塔玄洞上雕刻着八对飞天舞伎。塔的风格与乐坪的文化内涵完全一致，看来，乐坪作为伶伦音乐生涯的所在地，自古以来都是受到认同的。

值得注意的是，当地有一种古乐，以后山和后山旁的伶山为中心向东、向南、向西扩展，形成了一个特殊的古乐文化区。这一区域涉及易县、涞水、徐水、高碑店、定兴、涿州、满城等地，尤以易县、涞水最为盛行。该古乐，以伶伦创立的五音十二律为基本乐律，以祭祀音乐为主，口头传承至今。历经近五千年的变迁，内容除祭祀外，出征、庆典、自娱自乐等内容更加丰富，虽然融入了佛、道、儒乐律，但仍不失祭祀音乐庄严、肃穆、古朴、典雅的特色。1989年，德国、英国两位古乐专家指名要求到后山脚下的流井和南高乐进行考察。但因历史原因，德国古乐专家的愿望未能实现。然而幸运的是，英国古乐专家钟思锑却如愿以偿，经过十多年对南高乐古乐的研究，写成七本专著，在英国和国际上产生很大影响。南高乐随之蜚声海外，先后有20多个国家和地区的专家、学者来南高乐考察，中央音乐学院古乐研究所专门进行了录制、研究。

南高乐是后山祭祀音乐的旗手，每年祭祀必有，且在后山有一亩三分的专用场地。新中国成立初期，易县政府还对后山的使用场地发放过土地使用证。

南高乐古乐队伍庞大，最盛时达千人以上，除乐队外，旗幡车马一应俱全，每次活动，挂"黄帝画像"，摆伶牌（即伶伦牌位），喧唱《后土宝卷·褅祖经》，这是南高乐古乐所独有的。《后土宝卷·褅祖经》指出："夫今尚近神佛而远祖先也。自金大定二十八年后山佛庙立成，而祖庙既销迹矣。是之谓舍祖先有违规训，而敬神佛可得果报，此实乃急功近利之举也。素为人子之道，必当祭献有序，是宜首祭祖先，而神佛其次矣。想当初是先有祖先而后有神佛，其众生或可

南高乐古乐

修成神佛,而断不能修成祖先也。其神佛实可教,而祖祭定不可废之者。察此禘祖经卷,近乎为孤本,是为拜摹,以备传流者……"《禘祖经宝卷》强调首先要祭祖。高乐音乐会挂黄帝像、摆伶伦牌就是祭祖。可见高乐音乐会与黄帝、伶伦的关系。

高乐音乐会每年要携带乐器到乐坪去点笙定调,以此定为祖制。

后山黄帝文化研究表明,后山是黄帝联炎帝战蚩尤、实现中华民族开基伟业的根据地和指挥中心。黄帝在世时,后山是黄帝及其部族祭地祭天祭祖的家庙。黄帝死后,后山为黄帝祠,人们在这里祭祀始祖黄帝。伶伦是黄帝乐官,长期跟随其身边。黄帝战胜蚩尤后,把伶伦留在后山替他掌管这块根据地。后山(洪崖山)、伶山因此而得名,伶伦音乐创作的鼎盛时期是在易县、涞水、徐水一带。在这一带奠定了他成为中华音乐始祖的地位,所以在这里,他不仅创造了原始古乐,形成了强烈的感今烁古的伶伦音乐文化,而且在这种音乐文化的熏陶下,一代代音乐家层出不穷。比如,古燕国著名的击筑艺术家高渐离,西汉有"性知音、善歌舞,每为新变声,闻者莫不感动"之称的汉武帝乐府主持李延年,唐玄宗的乐官李龟年等,都是其中的杰出代表。

第四节 黄帝正妃与养蚕缫丝

李金泉、贾延清、靳风云

《史记·五帝本纪》载:"黄帝居轩辕之丘,而娶于西陵之女,是为嫘祖。嫘祖为黄帝正妃,生二子,其后皆有天下。"台湾著名作家柏杨在《中国人史纲》中指出:"嫘祖发明养蚕抽丝……中国以丝织品独霸世界四千余年,完全是她开创的功绩。"

查阅各种史料,也充分证明:嫘祖为黄帝正妃,她发明了养蚕缫丝织锦染五色衣裳,结束了古代先民以树叶兽皮遮体的荒蛮时代,开创了人类衣着文明的新纪元。大汉帝国开辟的"丝绸之路",使中国衣着文明得以与世界共享。蚕为天虫,一虫之功,天成文明,一桑之叶,贸易天下,一丝之力,罗结人心,一绸之惠,让世界同此凉热。因此,中国人敬仰祭祀蚕的发明者——黄帝正妃嫘祖是情理使然。

蚕姑圣母神像　　　　　　南天门

嫘祖其人,祖居何地?又是在哪里发明养蚕缫丝织锦,又是怎样成为黄帝正妃的?她的养蚕抽丝织锦技术又是如何传承和传播开来的呢?这些史学家们争论不休的热门话题,今天终于有了结论:嫘祖的故里和养蚕缫丝织锦技术的发祥地,就是在古易州今易县（今狼牙山脚下的沙岭、步乐一带）。她与黄帝的结合也是在这里。

北缫丝洞

姥姥庙（回香殿）

南缫丝洞

（一）

嫘祖又名雷祖、儽祖，乳名嫘子、嫘姐。《史记·五帝本纪》载："黄帝娶于西陵之女，是为嫘祖。嫘祖为黄帝正妃。""西陵"究竟在哪里呢？《中国地名大词典》载："西陵在易县。"距易县城西南50公里，徐水釜山西18公里的狼牙山北侧有一山峰，名为"蚕姑坨"，坨顶有一古刹，俗称"蚕姑圣母祠"。相传古时这一带称为"西陵"。"蚕姑圣母祠"为纪念黄帝正妃嫘祖养蚕缫丝织锦染五色衣裳而建。"蚕姑坨"过去称"灵峰坨"。蚕姑出名后将其改称"蚕姑坨"。坨南侧有一峰,中空一洞,洞顶为弧形,极为巨大,隔山望山,气象万千,蔚然壮观,称"南天门",属"蚕姑坨"十景之一。相传为蚕姑巨掌所击形成的。南天门下有二洞,传说嫘祖曾在此缫丝,当地称为"蚕姑缫丝洞"。在坨的毗卢寺北岩峭壁上,有两个大小相等、皆一米五六高宽的洞穴,洞内有潭,深不可测,不分旱涝,常年流水,水质清凉甘甜,相传为嫘祖居住的地方。山上有一"纺车石",形象逼真,犹如蚕姑发明的纺车挂在那里。山脚下有"姥姥庙",又称"回香殿",相传蚕姑母亲和舅舅非常支持蚕姑养蚕缫丝,后人为纪念他们而建此庙。庙内有塑像一男

姥姥庙内蚕姑母亲与舅舅神像

一女,背靠背而坐。女为蚕姑母亲,男为蚕姑舅舅。蚕姑圣母时代,正处于母系社会向父系社会的过渡时期。该塑像充分反映了母系社会只知其母不知其父的时代特点。这对验证蚕姑的故里起到了重要作用。而后人将其舅舅的像改为大肚弥勒佛,也是时代变迁的结果。那么为什么称为"回香殿"呢?这是善男信女上山祭祀蚕姑圣母后,因山高路陡,上下很累,回程时多在此休息一下,一来烧几柱香,祭祀蚕姑母亲舅舅,二来香告蚕姑圣母,回程顺利安全,请圣母放心。易县还有一村名叫"桑园",相传因蚕姑植桑重地而得名。蚕姑坨半山腰有一村,相传为蚕姑纺纱织锦地,许多纺纱能手就从这里走出去,所以初名为"纱领",意思是出纺纱领袖的地方。后来又演变成"沙岭村"。在山下还有"东步乐"、"西步乐"两个村,实为"部落",传说为西陵氏部落居住的地方。每年的正月二十一,西步乐庙会十分兴盛,专为纪念蚕姑诞辰而办。庙会期间,人山人海,周围百里的乡民都来赴会,几千年长盛不衰。易县还有以"嫘祖"定名的"嫘村",今转音"罗村"。易县、徐水、满城一带,与嫘祖养蚕抽丝的地名颇多,如"蚕姑洗丝泉"等,在此不一一列举。

（二）

由于嫘祖在易县发明养蚕抽丝织锦染五色衣裳，所以在蚕姑坨以前有将近千幢碑，在今天的残碑上仍能见到"西陵氏教民蚕"、"西陵氏女嫘祖为黄帝正妃"字样。

世界蚕桑始于中国，中国蚕桑始于北方，这是《中国蚕桑史》一书中的结论。"易县"属"北方"范畴。易县蚕桑史的发展也充分证明了这一点。易县古属幽州，《禹贡》中说："第十二州为幽州，山中多丝为幽也。"春秋战国时易县为燕国，《史记》载："燕……有鱼盐桑枣之利。"均言产桑而育蚕也。《太平御览》引《三国典略》中云："东魏薛淑尝梦山上挂丝，以告所善张亮曰：山上丝，幽字也，君必为幽州刺史。后果应之。"东魏薛淑是否既了解古幽州曾盛产蚕丝，又从幽字的结构上而预见到张亮到幽州任刺史呢？不得而知，但嫘祖随黄帝出巡，走到哪里，就会把养蚕抽丝传到哪里，这使得南方的蚕桑业也得以发展。但易县的蚕桑业一直没有中断。由于技术越来越好，质量越来越精，易县丝成为向皇宫进贡的贡品。据《唐书·地理志易州》载："土贡绸。"明《弘历易州志》引《宋书·地理志》："土贡素绝。""绸"和"绝"均为丝绸。明《弘历易州志》还明确记载：自国朝八年以后，岁贡丝八十四斤六两五钱，人丁丝一万七千零二十四两，折绢八匹一丈五尺五分。直到清朝和民国初期，易县仍有养蚕缫丝织锦业。民国初期，在易州设蚕桑学校，其校址就在今天易县打井队的所在地。中华人民共和国成立后，河北省林业厅专门在易县设立"蚕桑研究所"，以图重振易县昔日的辉煌。改革开放初期，由于以易县为中心的蚕桑的发展，徐水、满城、涞水、定兴一带，以桑木做打场用的桑木杈，仍遍及各家各户。

而在《山海经·海外北经》中则讲了一个关于"欧丝之野"的传说：黄帝战胜蚩尤后举行盛大庆典时，一仙女带黄白精美二丝前来祝贺。她说自己住在北方的跂踵国，那里有高达万仞的三棵大桑树，她吃树上的桑叶吐出闪亮的丝，用丝织成美丽的绸缎，给人们做衣裳，因她日日吐丝，所以她居住的地方叫"欧丝之野"。那么，"欧丝之野"传说中的"跂踵国"在哪里呢？《山海经·海外北经》把"跂跃国"和"共工"列在"海外北经"之中，因此两个地方应当相距不远。《尚书·舜典》说："舜流共工于幽州。"易县古属幽州，蚕之头如马，故易县有白马村，有马头山。《史记》中记载的共工和颛顼大战于穷独山，怒触不周山，就发生在这里。穷独山就是今天的马头山，山上有"共工坨"。因嫘祖乳名"嫘子"，今白马村附近有"垒子"村，"嫘"与"垒"同音。尤其耐人寻味的是，蚕神仙女手里的"金丝"和"银丝"，又与易县盛产的"黄丝与白丝"非常吻合。据民国《易州志稿》载：蚕姑坨山脚下的"易县南娄山村多以织绢为主，出品甚佳"。雍正畿辅志载："黄白二种出易州者最著。"这些都进一步证明了嫘祖的"西陵氏"即在易县，同时也证明了嫘祖发明养蚕抽丝也在易县。

（三）

《史记》载，嫘祖为黄帝正妃。当代史学家朱绍侯先生明确指出："嫘祖是黄帝的发妻，按常理当时黄帝应该还很年轻，华夏尚未统一。"发妻，中国民俗称之为鬈髻夫妻，也就是原配夫人。故《史记》称"正妃"。陈华新编著的《中国历代后妃大观》中说："黄帝整天为部落的事操心，没有把个人的婚事挂在心上。他的父亲少典和母亲附宝希望儿子早日成家，也经常有人带着漂亮姑娘来攀亲。附宝说：'这么多漂亮姑娘来找上门，你总得挑选一个呀！'黄帝笑着说：'娶妻不能只看外表，还要看有没有真本事。'父母听后点点头。有一天，黄帝打猎到西山，见有一位女子在半山坡大桑树下养蚕，收集了好多蚕茧，自己竟然从来没有见过。于是黄帝徒步向前问道：'我想向大姐学习养蚕缫丝手艺，你肯教我吗？'女子说：'俺爹娘有言在先，此手艺，不为天下者不教，非丈夫不准传授。'黄帝抬头瞄看女子一眼：个子不高，但很结实健康；常在烈日下，脸有些黑，但透着善良与智慧；话不多，但志向高远。这不正是自己要找的那种善良、健康，又有真本事的女子吗？于是黄帝鼓起勇气向她求婚。这位女子就是嫘祖。黄帝遂聘为元妃，由其负责教授民众养蚕缫丝织锦，使百姓脱下了树叶兽皮，换上了柔软魅力的丝织衣裳。大家都说黄帝有眼力，找到了一位贤妻。"这些描述，和《郎山北支蚕姑坨》记载的"黄帝战蚩尤于涿鹿之野，会诸侯于釜山，途经易水，见当地黎民锦衣华服，鲜有以兽皮树叶蔽体者，访知，西陵氏有女，名嫘祖，教民植桑养蚕缫丝织锦，而为衣裳，黄帝遂聘为元妃"不谋而合。而专家学者的研究结论，也与易县、徐水、满城一带民间几千年来口头相传的说法非常一致，这都证明：易县是嫘祖的故里；嫘祖在易县发明了养蚕缫丝织锦染五色衣裳；嫘祖与黄帝是结发夫妻，她们的结合是在易县进行的。

嫘祖成黄帝正妃后，随着黄帝战胜蚩尤，联合炎帝，釜山合符，实现了中华民族历史上第一次大统一、大融合，这为蚕桑业在更大范围内的发展创造了极为有利的条件。黄帝十分重视包括蚕桑在内的各业的发展。据《路史·疏仡纪·黄帝》载，黄帝"命西陵氏劝桑稼"。《史记·五帝本纪》载，黄帝"迁徙往来无常处"。黄帝一生到过很多地方，嫘祖随其同行，走到哪里，就把养蚕抽丝织锦传授到哪里。这就是为什么养蚕缫丝能够传遍全国、许多地方都说嫘祖在他们那里发明养蚕抽丝的主要原因。如河南西平、开封、荥阳，湖北黄岗、浠水、宜昌、远安，四川盐亭、叠溪，陕西白水，山西夏县，江苏吴江，山东费县，浙江杭州，不下十三处。有些地方还引经据典，让初阅者不可不信。然按考古发掘的遗物鉴定、史书记载的史文为证、古遗址当地民俗传颂为辅三要素衡量，釜山附近的易县史料最丰富，论据最充分，可信度最高。在黄帝四妃（还有方雷氏、彤鱼氏、嫫母）中，嫘祖是最优秀的。她兢兢业业帮黄帝做了很多事情，深受后人敬仰。《后土宝卷·禘祖经》把黄帝与嫘祖称为"双祖"。《古今图书集成》引《路史·后纪》载："黄帝元妃西陵氏曰嫘祖，帝之南游，西陵氏殒于道式祀于行"，"汉祀行神西陵氏"。这再次证明了西陵氏嫘祖是随帝出巡传播养蚕缫丝技术的。

嫘祖在易县生活以及养蚕抽丝染五色衣裳的民间故事，传播得十分广泛，易县、徐水、满城、涞水一带知晓的人更多一些，特别是古西陵氏生活居住地蚕姑坨山脚下的沙岭、步乐等村庄，更是家喻户晓。有些老者，更是津津乐道，聊起来三天三夜都说不完。蚕姑文化，是后山文化的一部分，也是釜山文化的组成部分。后山、釜山居易水河畔，相距不远，都是黄帝部族长期生活战斗的根据地和指挥中心。保定市后山文化学会编著的《蚕姑圣母易州人》，收录了沙岭村张振海、王金龙等四十多个村民口头相传的故事。有反映嫘祖父母的，如"西陵子比武结亲生蚕姑"、"姥姥庙"等；有反映嫘祖发明养蚕缫丝织锦的，如"蚕姑坨上的缫丝洞"、"纺车石"、"蚕姑一指定山鹰"等；有反映黄帝嫘祖相互爱慕结为夫妻，互相支持的，如"黄帝娶妻西陵氏"、"黄帝三上蚕姑坨"、"鸳鸯树、鸳鸯石"等；有嫘祖被神化后救苦救难的，如"贞节牌的故事"、"蚕姑圣母南阳救主"等；也有反映蚕姑注重养蚕缫丝基地建设的，如"一掌击开南天门"、"借车牛拉石碾"等。这些故事，虽然很多带有神话色彩，但都反映出蚕姑在易县故里生活的历程，反映了蚕姑发明养蚕缫丝的经历，反映了蚕姑与黄帝成为结发夫妻、成为正妃后，一直支持黄帝工作的一生历程的全景图。

（四）

气温和环境对人类生存与发展有极大关系，甚至可以说，温度决定生命。有专家曾指出：北温带是最适宜人类生存的地带。易县正处在专家认定的最适宜人类生存的经纬带上，这里又处于太行山、恒山、燕山三山交界处与华北大平原的结合部上，而且属于"黄河流域"。黄河从这里注入大海。这一带最低海拔35米，最高海拔1860米，因此形成了极其丰富的地貌，有平原、丘陵，有浅山区、深山区，有丰富的河流，离海岸线很近。在不同的海拔，生长着适应相对海拔高度的动植物群。动植物物种极为丰富，可以说是物华天宝。所以，对人类做出极大贡献的"蚕"首先出现在这里便不足为怪了。而正因为这一带最适宜人类的生存与发展，因此也是古代人类聚居的地方。《易县地名资料汇编》引史料载："栖木而巢，教民巢居。"南庄头、北福地、七里庄的考古发掘成果表明，易水一带是当时文明程度最高的地方。所以，出现黄帝正妃嫘祖"把野蚕变成家蚕来饲养并抽丝织锦染五色衣裳"这样伟大的女性也是情理之中的，而黄帝部族东迁易水长期居住下来并以易水的后山、釜山一带为大本营战胜蚩尤，实现中华民族历史上第一次大融合、大统一，也就顺理成章了。特别值得注意的是：考古专家在对距易县70公里、距徐水90公里的北京市琉璃河古墓发掘中发现了3000多年前的丝绸，并认为：这一带为"中国丝绸之路的终点"。这也更加有力地证明了中国的养蚕缫丝发明于易县是确定无疑的。

（五）

《史记·五帝本纪》载："嫘祖为黄帝正妃，生二子，其后皆有天下。"《史记·五帝本纪·三代世表》标明：黄帝之后的颛顼、帝喾、尧、舜、禹五代帝王，都是黄帝、嫘祖的后代，确实"其后皆有天下"。据考证，高阳县有颛顼城，唐县有尧山，据说是尧出生的地方，还有因尧母遥望儿子而命名"望都"的县城。而涞水则有尧禅让权力移交舜的文庙（东文山），有大禹治水的"长堤"。易县有尧访贤追舜的"尧舜口村"。这些都说明黄帝与嫘祖结合后，嫘祖及其后代长期在易县、徐水、涞水、高阳、唐县、望都一带生活。初期是在这一带诸侯国担任要职，而登上天子之位后，出于管理国家的需要，嫘祖的后代才从釜山、后山迁都到我国的西部和南部地区。

（六）

历代王朝在易县蚕姑坨修建蚕姑圣母祠并进行祭祀。据将军庙郎君碑记载：汉武帝"巫蛊之祸"后，戾太子之子刘询避难于缫丝洞，有老妪供食蚕蛹度日。为安全起见，老妪将刘询又移至老君堂（蚕姑坨附近一景），每日三餐由老妪按时送到。刘询问婆婆由来，老妪只是笑而不语。当汉武帝发觉追杀戾太子是错误时，事已晚矣。汉昭帝过世后，大将军霍光等重臣保举刘询为帝。霍光来易水找了三个月未见踪影，问乡民皆言不知。后见灵峰坨顶有烟火，寻至峰顶，由一老妪引见。霍光见刘询之际，那老妪化春风而去。刘询方知是蚕姑圣母救护。刘询继位后即派重臣到灵峰坨修建蚕姑圣母祠。刘询登基第二年（公元前72年），蚕姑圣母祠赶在蚕姑圣母正月二十一日诞辰前竣工，以祀圣母。"蚕姑圣母祠"是汉宣帝刘询敕封。北周皇帝祀嫘祖为"蚕神"，另建庙一座。历代王朝皆有修葺重建之举。到清朝中叶已有佛道庙15座50余间。有蚕姑圣母祠、玉皇殿、千佛殿、五帝祠等。上山沿途及各庙宇中各种碑刻近千通。每逢蚕姑圣母诞辰前后，人山人海，日夜进香者络绎不绝。清乾隆皇帝、宰相刘墉也曾上山进香。其纪念碑刻，至今尚存。后因战乱，这座几千年的古刹圣祠历经兴衰。其中，破坏最严重的是20世纪60年代，各庙宇与庞大的碑林全遭破坏。近年来善男信女虽有修复，但较建国初期那种辉煌相差甚远。

碑林中，原有皇家修庙的金石碑刻数通：元至正十六年重修"蚕姑圣母祠"和灵峰院、佛堂碑记；大辽重熙年造梵宇八棱石幢一通；金大定年复起各殿宇法像碑，元至正丙申对各殿神佛镀金身碑记，明成化、正德皆有修祠、院的记载。

由于受汉宣帝敕封，蚕姑坨周边徐水、满城、易县等地也建起许多蚕姑圣母庙。从西汉、东汉、三国、西晋延至南北朝后的隋唐，一直到大清帝国，在易县及周边附近建庙和修葺旧庙从未间断。如蚕姑坨残碑显示：陕西道监察御史王允来易县巡视为嫘祖立碑云：黄帝元妃西陵氏教民蚕，不但为老者衣帛计，凡丝綦纂织五彩衣而厚民。满城石勒进香还愿碑文载："西陵氏嫘女为黄帝元妃，教民缫丝织锦，以供衣裳。"

在蚕姑坨北，直线距离不足50公里的后山（也称洪崖山）上，有古庙群，宋著名文学家欧阳修讲："易县后土皇帝庙，当祀黄帝。"黄帝庙内，有嫘祖像，后山之所以又称洪崖山，相传黄帝乐官伶伦（也称洪崖）创五音制十二钟就在这里，至今后山附近还有伶伦祠，有伶伦训练乐工的"乐坪"。相传黄帝战胜蚩尤、联合炎帝、釜山合符后建黄帝城，有学者研究认为，黄帝城建成后的一个时期内，黄帝曾把嫘祖和伶伦留在易县，替他掌管这片根据地。后人为纪念他们，把后山称为"洪崖山"，把灵峰坨称为"蚕姑坨"。这也使得每年后山的祭祀活动，从农历三月初一至十五，在长达半个月的祭祀期内，周边数百里的善男信女，络绎不绝地前来祭祀，少则几十万，多则近百万，为华北之最。

综上所述，遗址、史料、考古、民俗、地名以及帝王与民间祭祀考等均证明：西陵氏嫘女蚕姑圣母，其故里在易县并在易县发明养蚕缫丝织锦染五色衣裳，还在易县与黄帝成为结发夫妻，即正妃，是为嫘祖。

第三节　黄帝的指南车

贾延清、靳风云、范克贵

《太平御览》记载，"黄帝在同蚩尤作战时发明指南车"。指南车由车与指南针组成。后山文化与釜山文化研究者都认为，黄帝战蚩尤的涿鹿之野，就是今易县、涞水、徐水、涿州一带。黄帝发明指南车当然也在这一带。

《简明文化知识辞典》载："指南针，一种指示方位的简单仪器。中国古代四大发明之一"，"1086年北宋科学家沈括所著《梦溪笔谈》中记有'方家以磁石磨针锋，则能指南'，11世纪开始用于航海"，"1274年南宋吴自牧所著《梦梁录》记载：'风雨冥晦时，唯凭针盘而行。'12世纪以后才传到阿拉伯国家和欧洲各国"。

如果《太平御览》所载属实，那么可以表明，中国五千年前就开始使用指南针了。

南易水中游今徐水釜山曾是黄帝合符处。釜山附近有一座山叫磁山，相传黄帝利用战争间隙经常去此山打猎。有一次打猎休息时，属下有人捡石块打磨石针石斧，制作生活用具。有一心灵手巧的士卒打磨成四五根石针献给黄帝。黄帝把石针放在大石板上，不料石针自动滚动整整齐齐排成一行，黄帝感到新奇，就把石针弄乱重新放回，结果石针又自动排成原来的样子：南向日头，北指大山。黄帝受到启发，将一根石针放在石头上，用手随意拨动，当石针停下来时，总是一头向南，一头向北。黄帝大喜，下令让部下多做此山上的石针。后来战蚩尤时装到车上，这就是当时的指南车。

徐水釜山附近的磁山，是一处磁铁矿，将磁铁矿石做成针状，装在一个能转动的轴上就成指南针了。

《太平御览》引《志林》曰："黄帝与蚩尤战于涿鹿之野，蚩尤作大雾弥三日，众人皆惑，黄帝乃令风后法斗机作指南车以别四方，遂擒蚩尤。"《古史考》曰："黄帝作车，引重致远。"这说明黄帝时期发明车。那么，发明车的具体地点在哪里呢？《中国交通史》认为在河北。笔者考证认为，黄帝发明车的具体地点在后山脚下涞水境内木匠村（今称木井村）一带。

《史记·五帝本纪》载："黄帝与蚩尤战于涿鹿之野。"《索隐》引皇甫谧云："黄帝斩蚩尤于中冀。"这是对涿鹿地望的说明，在今河北境内。因此《中国交通史》认为车的发明在河北，是有根据的。

史书载，黄帝是在同蚩尤作战时因大雾而令风后法斗机发明指南车。《后土宝卷·祶祖经》载："黄帝领华族转战中原、河北，在后土山称帝。"黄帝同蚩尤"大战黄土坡"，擒杀蚩尤。黄土坡就在易县域内，其主峰黄土岭，在易县涞源交界处，是战略要地。抗日战争时期我军民击毙日本最高侵华将领阿部规秀就是在黄土岭。作为黄土坡大战主战场附近的后勤保障基地的涞水县，紧急动员制作急需的指南车是顺理成章的。

黄帝东迁易水在后山称帝后，仁德行政，鼓励农桑，重视水利，社会和谐，百姓安居乐业，深受先民拥戴。许多发明创造便应运而生，比如养蚕缫丝织锦染五色衣、音乐、中医中药、酒等都是在这一带发明的。因此，发明指南车也是可以做到的。

后山脚下、涞水境内的木匠村，就在涞水、釜山旁边。《直隶易州志》载，涞水釜山是黄帝战蚩尤的"屯兵处"。当地民间广泛传说，远古时木匠村有一木匠范祥为人厚道、心思敏捷、技艺高超。他做的各种家具独特实用，很受部落首领的喜爱。传说他用木头做的鹞鹰能飞上天去猎捕大雁，做的鱼鹰能下到深水里捕鱼。他有三十六个徒弟，各个身怀绝技。黄帝同蚩尤作战，遭大雾困扰，便令宰相风后造指南车破阵。风后设计的指南车是这样的：一辆战车上有一仙人臂，不管怎么转动，仙人臂总是指向南方。车上还有一面战鼓，一遇到敌情，可擂动战鼓，召集援兵，这样还可以鼓舞士气。部族首领按仙人臂指示的方向，随时都可做出正确判断，指挥部队作战。由于风后宰相比较了解当地情况，所以他知道这个任务只有范祥能完成，于是，便将范祥的事情告诉了黄帝。黄帝听了风后对范祥的介绍后，非常高兴，亲自登门拜访。范祥和当地的乡亲们都很憎恨蚩尤的野蛮和残暴，所以当听说造指南车是用来打蚩尤的，范祥和他的徒弟立刻接受了这个任务。为了保密，黄帝把造车地点选在了今涞水境内的鳌头山北面的一个小村庄里，并派兵把守，不准任何人进来。范祥和他的三十六个徒弟，立即进驻，着手进行。车造好后，又选了一个雾天，在附近三个小村庄的崎岖山路上进行实验，山地平川，上坡下坡，左旋右转，方向千变万化，车上的木刻仙人臂始终指向南方。试验成功后，指南车发到各作战部落，在同蚩尤的作战中，发挥了巨大作用。

当蚩尤被消灭后，黄帝封范祥为车神始祖，封三十六个弟子为车神工技。后人为纪念范祥，就把他所在的小村庄定名为木匠村（现衍化为木井村）。范祥造车的小庄定名为车厂村。试车的三个小村庄依次定名为上车亭、中车亭、下车亭，而这个神奇的故事一直流传到今天。

第六节 《易经》的源头

贾延清

《易经》是中华民族最古老的文化，是中华民族智慧的结晶。不少学者称《易经》为中华民族文化的根。冯友兰先生就曾经说，一部《周易》就是中华民族精神的现象学。而《易经》正是从易水河畔产生和发展起来的。可以毫不夸张地说，易水是《易经》的发祥地。

（一）

《易经》是八卦、《周易》和《易传》的总称。《易经》的形成与发展经过了漫长的历史过程。《易经》学者认为，《易经》有八千年的历史，分三个历史阶段：伏羲始作八卦。炎帝（神农氏）、黄帝各发展为六十四卦，炎帝六十四卦以艮卦为首，又名《连山易》，黄帝六十四卦以坤卦为首，又名《归藏易》，也有的称"八级"（古籍《轩辕皇帝传》）；炎黄六十四卦，统称"重六十四卦"，此为上古阶段。周文王和周公在伏羲八卦和炎黄重六十四的基础上，写卦辞、写爻辞，以乾卦为首，统称《周易》，此为中古阶段。孔子及其弟子在八卦与《周易》的基础上，作《易传》，又名《十翼》，此为近古阶段。以上三个阶段的八卦、重六十四卦、《周易》和《易传》，统称为《易经》。这充分说明，《易经》的产生与形成不仅历史悠久，而且不是一个人完成的，尽管如此，《易经》的形成与发展都与易水紧密地联系在一起。

（二）

易水历史非常悠久。据县志记载，居住在易水河畔的最早部落之一为有易氏部落。称易水是《易经》的发祥地，主要依据是：

1. 易水河畔是中华古文明程度最高、历史最悠久的地区。《易经》作为中华古代文明的代表作，无疑产生于当时文明程度最高的地区，易水河畔就完全具备这个条件。毛泽东在《长征》一文中总结中华民族发展史时说："自从盘古开天地，三皇五帝到如今。"在易水河畔，有纪念盘古的"盘神庙"和盘神庙村。易县附近有纪念"三皇"的"三皇山"、"三皇庙"，山上有祭坛。明万历《保定府志》（冯维敏作）载，包括易水河畔在内的保定，"三皇有其一，五帝有其二"。后山文化研究中，发现黄帝、炎帝、颛顼、帝喾、尧、舜、禹都在易水河畔有过重要活动。自从禹划分九州治理国家以来，包括易水在内的冀州，直到汉代，一直被排在各州之首。《禹贡》载："冀，古帝都之域。"这充分说明易水地区当时居文明最发达的地区之首。《保定府志》载，历史上五次大的行政区变革，包含易水在内的上谷郡，郡府有四次设在易县。春秋战国时期，燕国下都设在易县，燕昭王筑黄金台招贤纳士的壮举以及"风萧萧兮易水寒，壮士一去兮不复还"等千古绝唱，都发生在易水河畔。

我国考古发掘也充分证明：易水河畔是中国古代文明最发达的地区。南易水、中易水、北易水，统称为易水。1997 年，国家对南易水南庄头的考古发掘，证明其距今约 9700 年至 10500 年。当时社会状况是，以渔猎为主，简单种植、简单养殖已经开始，种植种而不耕不锄。2003 年，国家对中易水的北福地考古挖掘，证明此处人类活动距今约 8000 年。当时农耕和养殖已有较大发展，古代先民开始建房定居。专家认为，北福地文化是中国古代北方文明与山东文明融合的结果。2006年国家对北易水七里庄考古发掘，其成果再次证明了这一点：该地区有五个时期的文化遗存，第一期遗存为新石器时代；第二期遗存为夏商时期；第三期遗存相当于商代晚期到商周之际；第四期遗存约相当于商周之际到西周中期；第五期遗存属战国时期。这里需要强调的是，这种融合非常重要，因为它是文明发展的重要标志。南庄头、北福地、七里庄分别距易县县城直线距离25公里、12.5公里、3公里。遗址面积很大，这足以说明当时我国祖先分布的密度之高。而出土的标志性文物则表明，当时我们祖先的文明程度已有相当水准。《易经》作为中华古代文明的代表，产生于这样一个地区是必然的。

2. 伏羲发明八卦。史书记载伏羲发明八卦的内容，可分为三类形式，其中最具可信度的是《儒林轶事》式的记载，说伏羲外出拜师"异人"发明八卦。易水河畔流传着许多伏羲始创八卦的故事。这些故事中所涉及的人名、地名、水名、故事情节与当地的地名、水名及其历史记载相当吻合。如《儒林轶事》载：在遥远的过去，龙山有一异人，头上有时出现光环似的斗笠，特善预测：一日有樵夫进山拾柴，异人曰："速归，家有难。"樵夫归，果见家中起火。又一日一牧人放牛，异人曰："速归，母有疾，给汝树叶两枚，让母含在口中嚼服。"牧人归，见母倒卧于地，气息奄奄，牧人忙将树叶塞于母口中嚼服，须臾坐起。又一日异人游于清水（即易水）氏寨，对氏首曰："牛羊有疾，食我草者可以解。"氏首去喂卧倒之牛羊，食后时间不长皆站起，食草，欢叫。类似这种传说，在易水河畔都能听到。该异人每次灼骨占卜，都在骨的两面分别会出现太阳与月亮的图形。"日、月，易也"，异人也自称"日、月"先生。因龙山在清水河畔，当地人便将该河称为易水。伏羲是部落首领，拜龙山异人学艺，三年不得真谛。一日在龙山山谷中冥思苦想，卧在石板山，上观日月星辰，下察飞禽走兽。正在此时，异人师傅从洞中走出，头上五彩缤纷的光环不断变化。伏羲见状，灵机一动，立即将师傅头上光环迹象画在青石板上，并将三年来亲自体察的天、地、雷、风、水、火、山、泽的八种自然现象与师傅头上的光迹联系起来；画出八卦，这就是伏羲的先天八卦。这种耐人寻味的民间故事，不仅易水河畔的龙山及其周围颇多，而且其"龙山"地名在许多史书中也有记载。如《史记》载，易水河畔"龙山（也称龙兑、龙迹山）四麓各有一穴，即燕之龙兑也"。又据《方舆纪要》载："赵孝成王与燕易土，以龙兑与燕。汉六年，郦商从击臧荼战于龙兑。先登陷阵，盖即此矣。"《寰宇记》、《潜确类书》、《明一统志》皆云，西山麓谷有一坑，大如车轮，中有四穴（以上县境西南）。北宋《地理总志》、《太平寰宇》记载："龙迹山在（易）州西南三十里，石上往往有人迹及龙迹，四麓各有一洞，大如车轮，春则风出东，夏出南，秋出西，冬出北，有沙门法猛以夏日入其东穴，见石堂石人，欲穷诸穴，有一人厉声曰，法师，其余三穴皆如东者不宜更入，猛仍意不息，不觉身在穴外也，盖神异难测。"这种史料记载与当地传说如此一致，难道不耐人寻味吗？

3. 伏羲部落在哪里？目前众说纷纭，其年代也争论不休，我认为就在易水一带。其理由有三：（1）易水所处地域是太行山、燕山交界处，又与华北平原接壤。古黄河曾从这里掉头东去注入大海，黄河是中华民族的母亲河，是我国古人类最活跃的地区。北京猿人化石发现于周口店，距易县仅五六十公里；涞水智人化石，距今约3万-5万年，距易县仅十多公里；阳原泥河湾古人类遗址，距今200万年左右，距易县直线距离100公里多一点。远古时期，易县一带的年平均气温比现在高2度，相当于长江与淮河之间的气候，再加上这一带地貌非常丰富，黄河、易水、平原、丘陵、高山样样俱全，动物、植物、禽类、昆虫类又很丰富，非常适宜人类生存与发展。如此宝地，必然引起各部落争先进入，成为古代文明程度最高的地区。（2）值得注意的是，新乐县有伏羲台。相传伏羲与女娲是兄妹，涉县有娲皇宫。新乐、涉县都在河北境内，来易水拜师学艺发明八卦也是可能的。（3）《燕文化》一书载，伏羲是太昊部落，曾有一支迁到易水，有易氏部落就是太昊部落的后裔。《太平寰宇记》载，冀州高阳郡五姓有伏羲，如果此说法是真实的，那么易水是《易经》的发明地就更加可靠了。

4. 黄帝把伏羲八卦发展成六十四卦，也在易县。易县古属古涿鹿。以易县后山为中心的地区是黄帝部族长期居住、生活的地方。黄帝生于河南新郑，葬于陕西桥山黄帝陵，成就中华民族历史上第一次大融合的伟业在易县。作为黄帝成就统一伟业思想理论基础的重六十四卦，无疑也是在易水河畔形成的。

5. 易县的"易"与《易经》的"易"相同绝不是偶然的。古时易水河畔居住着易氏部落，隋时称易州、易县。这个水名、部落名、郡国名、州名、县名都带有的"易"字，与《易经》的"易"字完全相同，这个"巧合"在我国还能找出第二个来吗？易水、易氏部落、《易经》之间的关系，易县有许多人都进行了研究。李金泉、陈瑞泉等认为易县与《易经》有一种天然的联系。陈瑞泉的《易水名考》认为"易"字应来源于《易经》的"易"字，也就是先有《易经》后有易水，易水因《易经》而得名。而我认为先有易水，后有《易经》。根据在哪儿？易水居住的有易氏部落，是一个善于占卜的部落，古人的占卜不是今天一些以占卜为生存手段的算命先生的做法，而是很严肃的，主要有两个方面：一是以牛、猪、羊等为供品，祈祷天神地神祖灵保佑，降福于己，《易经》中的卜牛就是指占卜中的祭祀。二是进行认真观察和测量，加以研究，特别是对于日、月、星像的研究，重点是对日、月的研究。"卜"字就是用一根长杆立于某处，观察在太阳下长杆阴影的变化及其规律，从而计算出对人类的影响。这实际是历法的研究，作为象形的中国文字，天上一个"日"（太阳），下边杆影变化的图形"勿"，合在一起成为"易"。易水河及易水河两岸的部落，因善于占卜，而得名"易水"和"易氏"部落。伏羲发明"八卦"，当时就称"八卦"，而没有"易经"之说。后来研究这类问题的人多了，出现了"重六十四卦"（即连山易与归藏易），次至周文王、周武王研究的"八卦"，即《周易》，所以才把他们统称为《易经》。我认为先有易水和有易氏部落，后有《易经》。《易经》因与易水的有易氏部落联系密切而得名。

我从古文字研究说这个问题，当然还有"日月说"。日、月并排为"明"，竖排组成"易"。学术界持这种观点的也不少。

6. 从内容来看，《易经》的形成也与易水有特殊的关系。

《易经》不是一个人发明的，也不是短期形成的，但总有先驱者开拓。伏羲、炎帝、黄帝、周文王、周公、孔子是《易经》形成的代表人物。他们是在总结前人经验的基础上，经过进一步研究，产生新的成果。人们在总结经验的时候，总是把自己最熟悉的、最有用的东西融入进去。如果《易经》中有许多易水流域的事，那就更能证明易水是《易经》的发祥地。恰恰在这个问题上，《易经》突出表现了这方面的内涵。《易经》中的卦辞、爻辞中有的与易水有着非常密切的关系。李学勤先生是我国著名的易学专家和史学家，有很多令人敬佩的研究成果。他又是1973年湖南长沙马王堆3号汉墓出土的帛书《周易》等重要文献研究整理小组的主要成员。帛书《周易》中的卦辞、爻辞突显了"王亥卜牛"这个发生在易水河畔的故事。因此，李学勤在2006年出版的《周易溯源》一书中明确写道："上个世纪末，殷墟甲骨文的发现震动了国内外学术界。1917年，王国维先生著《殷卜辞中所见先公先王考》这一篇名文，在甲骨文中考出王亥之名，与文献相印证，使古书不少被疑为子虚的记载重新得到证实。到1929年，顾颉刚先生作《周易卦爻辞中的故事》，详细考述了《易经》王亥，丧牛于易。"而帛书《周易·旅》卦上的九"丧牛于易，凶"，指的是王亥在易水河畔有易氏部落因淫被杀的事。从春秋战国到汉代，许多史书如《世本》、《山海经》、古本《竹书纪年》、《吕氏春秋》、《史记·殷本纪》及《史记·三代世表》、《汉书·古今人表》、《楚辞·天问》等古籍，都零散地记述了王亥在易水河畔有易氏部落发生的故事。后来，学者袁珂把古籍中有关王亥的故事，综合起来写成白话文《王亥服牛》，《保定历代史事长篇》第二篇就是此文。该文长达2000多字。叙述的全是先人王亥在易水河畔有易氏部落的故事。《易经》中除有"丧牛于易，凶"外，还有《易·大壮》六五爻辞说"丧羊于易，无悔"，又《旅卜九爻辞》有"鸟焚其巢，旅人先笑后嚎啕"等记载，可见易水在《易经》中的位置了。这充分证明《易经》的形成与发展完善与易水有着非常密切的联系。

另外，《易经》中还有更多的涉及易水的事，我们正在努力向更多的学者专家请教。《易经》中有"鬼方"的记载，也与易水有关。关于"鬼方"，王国维《鬼方昆夷猃狁考》云："我国古时有一强梁之外族，其族西自汧、陇，环中国而北，东及太行常山间，中间或分或合，时入侵暴中国。其俗尚武而文化之度不及诸夏远甚。又本无文字，或虽有而不与中国同。是以中国之称也，随世异名，因地殊号。至于后世，或且以丑名加之。其见于商周间者，曰鬼方、曰混夷、曰獯鬻；其在宗周之季，则曰猃狁；入春秋后，则始谓之戎，继号曰狄；战国以降，又称之曰胡、曰匈奴。综上诸称观之，则曰戎、曰狄者，皆中国人所加之名；曰鬼方、曰混夷、曰獯鬻、曰猃狁、曰胡、曰匈奴者，乃其本名。"周长富教授研究发现，《易经》六十四卦的卦辞与爻辞中有37处与易水有密切联系。还有什么比这更说明问题的吗？

据专家学者称，目前社会上流传的《易经》，实际上是《周易》。其他均已失传。《周易》距现在约3000多年，武王克商，史学界多认为在公元前1066年，考古界则认为是1046年。周文王研究《周易》，克商之前就已很有成就。把这段时间加上去，也不足3100年。

（三）

中国殷商流行甲骨文。我国地域广大，民族多，文字种类也多，秦始皇统一六国，在统一度量衡的同时也统一了文字，这才有了今天文字的局面。但对先秦以前的历史与有关内容的研究，特别是周以前的研究，就会很困难，因为那时并没有统一的文字。然而，彻底弄清《易经》的发祥地，还有很多工作要做，比如对易水史考、伏羲部落史考、《易经》内容中涉及易水内容的考证、易水占卜史考、易水天文史考、古文字"易"字形成考等等。

这其中涉及许多古代地名、人名、古代部落，探讨起来难度很大，工作量也很大。比如地名，古今不一样，需要古今对照。

综上所述，易水是《易经》的发祥地，绝非骇人耸闻，而是有依据的。然而《易经》的形成与发展，是一个漫长的历史过程，特别是它的形成、完善与传承，集中的是整个中华民族的智慧，它所反映的成果，也不仅仅是在易水河畔。《易经》的初创，是古人作为记事记数和"卜筮"之术而产生的。当时还没有文字记载，散存于各古籍中的有关《易经》产生的一些零散记载，也都是后人在数千年以后凭传说追记的，因此，研究《易经》产生和发展的空间相当大。以上我的这些粗浅看法，仅作为引玉抛砖之用，衷心希望与各位学者与有识之士共勉，为继承与发扬中华民族的优秀文化共同奉献微薄之力。

附　王亥服牛与有易氏族

王亥服牛与有易氏族的历史故事，出现在夏朝中晚期的易水流域，见于《世本》（张澎稡集补注本）及《山海经·大荒东经》、《山海经·海内北经》、古本《竹书纪年》、《楚辞·天问》等古籍。由于古籍记述零散，文字简短难懂，袁珂先生把它们用白话文串联起来，写成完整的故事，先后于1959年和1982年出版了《古神话选释》和《中国古代神话》两部著作，本书现收录古文《王亥》和白话文《王亥服牛》两篇文章。

王亥服牛

袁珂

当夏民族逐渐走向衰弱道路的时候，东方的殷民族开始强大兴盛起来。殷民族的兴盛，是以王亥被有易族人杀害、上甲微兴师复仇并灭了有易的传说故事为其标志的。

在东方草原上过着游牧生活的殷民族，从玄鸟（燕子，因其羽毛为黑色，故名）降生的祖先契开始，传了六七代，传到了王亥手上。由于王亥对驯养牛羊很有研究，因此使部落的畜牧事业进一步发展起来，牛羊成群，铺山盖野。王亥和他的弟弟王恒决定亲自率领牧人们，赶一大群牛羊到北方有易族高爽的地方去畜牧，并且和那里的人进行一些交易。有易族大约是殷民族的一个旁支，和殷民族有着亲属关系，两族人一向往来密切。他们中间隔着一条黄河，黄河的水神河伯对两族的人民都很友善，时常给他们以济渡的方便。这次王亥赶牛羊到有易族去畜牧并做生意，也是靠了河伯的帮忙，才平安渡过了波涛汹涌的惊险的黄河。

有易的国君绵臣，听说贵宾赶了牛羊到来，万分高兴，于是热情地接待他们，不但有曼妙的歌舞，还有丰盛的饮食。王亥的弟兄们在有易族一住就是好几个月，异国的舒适生活，使他们一个个都养得肥肥胖胖的，连胸脯两边的肋骨都隐没在肥肉当中，看不见了。健壮的王恒更是一个大食客。他常两手捧着一只煮得半熟的硕大的野鸟，津津有味地吃着它的头，可见他的食欲是多么旺盛。

王恒不但喜欢吃，而且更喜欢美貌的女人。有易国君绵臣的妻子年轻貌美，王恒来到不久就把她当作追求的对象，后来终于追求到手。绵臣的妻子早就对绵臣的年老产生不满，在王恒来到之前她就已经和绵臣手下的一个青年卫士有些暧昧关系，而和王恒交往后，她又对稳重的王亥发生了兴趣，于是主动向王亥表示好感，王亥也因此做了爱情的俘虏，但他却不知道弟弟已经比他占先了。

这样一来关系就变得复杂了：王恒愤恨哥哥抢夺了心爱的女人，但敢怒而不敢言；青年卫士愤恨两个异国王爷的淫纵无礼，也是怒火中烧；这两个人因同样的失意，因此暂时以利害关系互相勾结到一起。

终于有一次，王亥去赴绵臣妻的幽会，王恒觑（念 qù，窥探的意思）着了这个消息，便暗中告诉了青年卫士。青年卫士正找机会杀人报仇，因此得到这消息后，马上怀着锋利的斧子跟踪前去。此时，酒醉的王亥正在酣眠，绵臣的妻子却已应绵臣之召先去了。青年卫士认为这是下手的好时机，便不顾一切，举斧就砍。可怜的王亥就这样毫无知觉地被杀死在床上。杀了王亥之后，为了泄愤，青年卫士又将他的尸身分解为八块：两手、两脚、加上脑袋和胸脯各横断为二——共是八块。后世民间传说的"亥有二首六身"，大概指的就是这回事。

青年卫士杀死王亥后，气势汹汹地跑出去了，却不知道已被人发觉，因此刚跑出来就被捉住。人们将其押送到老王绵臣那里，一问情由，真相大白。老王大怒，登时发下命令，除了将死者王亥带来的牧夫和牛羊全部没收，还把王恒驱逐出境。至于卫士擅自杀人和王后所犯的过错，则由于种种原因，最终被宽恕了。

王恒狼狈不堪地回到东方草原，把王亥被杀的经过进行了歪曲报道，草原上的人们愤恨有易族人的残暴无礼，于是当即拥戴王恒为新王，并兴师整旅，图谋报仇。但王恒怕一旦兴师问罪，自己的马脚就会暴露，所以为了掩盖真相，自告奋勇前去有易索还牛羊。

王恒到了有易，有易族人知道殷民族的实力雄厚，王恒又新登大位，不敢小视他，因此仍照先前的礼数款待迎接他。王恒提出索还先前被没收的牧夫和牛羊一事，有易族马上还给了他。但浪荡成性的王恒这回在有易又坠欢重拾，有所留恋，迟迟不愿回国。如此一住又是很长时间，有易的君臣拿这个老无赖毫无办法。

东方草原上的人们，见王恒久去不回，以为又有什么变故，便拥立王恒的儿子上甲微做了新王。上甲微虽然年轻，却是个贤王，他见有易族人杀害了伯父，现在又把父亲扣留起来，实在太骄横无礼，便决心统领军队，去和有易族人见个高下。

大军浩浩荡荡到了黄河边上，上甲微找水神河伯商量，请求把他的军队渡过黄河。河伯对于这个请求，感到为难，因为他和有易族人也是好朋友，不忍心让好朋友去吃苦头。但托他帮忙的这边也是好朋友，受了这么大的委屈，又这么义正辞严，最后他只得勉强把上甲微统领的大军平安地渡过了黄河。

有易王听说上甲微带领军队杀来，心里着慌，心想肯定是为了王恒久留不归而来的，便赶紧派遣使臣去说明事实真相。上甲微听了，半信半疑。但是箭已离弦，势难收住，于是仍旧指挥大军，继续向有易前进。

可怜年老的有易王，对于战争毫无准备，敌人来了，只好匆忙应战。杂凑的军马怎能挡住草原上剽悍的铁骑，不消几仗，就杀得有易族的军队瓦解土崩，最后小小的一座王城也被攻破，老王绵臣被杀死在城攻破后的一场混战中。大军一进城，上甲微就差人去寻觅父亲王恒，但遍寻无着，想来这个老浪子，也是在混乱中给愤恨的有易族人杀死了。上甲微在悲痛和恼怒之下，更相信父亲被扣留是真，于是纵容军队，在城里城外，大肆屠杀、奸淫、掳掠。只杀得小小一个国家，几乎连人烟都快断绝了，只剩下一些怪模怪样的野鸟，站在树梢或荒野的荆棘丛中，望着地面上的死人，张开翅膀，哑哑地叫。

上甲微灭了有易，意气扬扬，奏凯班师回还。水神河伯对于这个正在得势的朋友，更是不敢得罪，仍旧小心地帮助他把全部的人马、战利品和俘虏都平安地渡过黄河。等上甲微带领人马回去后，水神河伯才悄悄去看他的那个失败的老朋友。结果看到的景象非常凄惨：田野里长满了杂草和荆棘，繁华的都城变成了一片瓦砾，只有几个半死不活的老弱男妇还在废墟里艰难地生活着。

河伯在哀悼老朋友的灭亡之余，因于心不忍，暗中把有易族遗人集合起来，变化为另外一种民族，搬迁到另外一个地方去居住。这个民族，就叫摇民，或叫嬴民，据说人人都长着一双鸟的脚，成为后来秦国人的祖先。

王亥故事的意义在于：故事的主角虽然有过创造发明的贡献，却终因骄奢淫逸丧亡了身子，留给后人以极大儆省和无限感慨。《易·大壮》六五爻辞说："丧羊于易，无悔。"又《旅》上九爻辞说："鸟焚其巢，旅人先笑后号咷，丧牛于易，凶。"就是此一故事最早见于记录者，从简单的几句话中已能见到故事的粗略轮廓以及作者对于它的观感了。

（节选自袁珂：《古神话选释》）

古籍中的记载

胲作服牛（胲：音gai，即王亥。服牛：驯牛——本文注释为原编者注）

有困民国，勾姓而食（困民国：困民的困字，吴其昌《卜辞所见殷之先公先王三续考》谓当是因字之误，因民，即后文所谓的摇民，疑是。"勾姓而食"：郝懿行云："勾姓下，而食上；当有阙脱。"这句话的确语意不完。但我疑心"而"或是"黍"字的缺损。黍，篆书作，缺其禾字的上半，即与而形近易讹。"勾姓黍食"，意义就很明显了）。有人曰王亥，两手操鸟，方食其头。王亥托于有易、河伯仆牛 [言王亥以所驯服的牛（自然也包括羊）寄托于有易族人与河伯。此处的"仆牛"，即《世本》所说的"服牛"，亦即《楚辞·天问》所说的"朴牛"，仆、服、朴音皆相近。有易，古氏族名，其居住在今河北省易县一带]。有易杀王亥，取仆牛。河伯念有易，有易潜出，为国于兽，方食之，名曰摇民（河伯念有易：原作"河念有易"，伯字从王念孙校增。言河伯哀念有易族人，使之潜化而出，为国于荒野禽兽之中，方食此禽兽，名曰摇民）。帝舜生戏，戏生摇民。

（《山海经·大荒东经》）

殷王子亥宾于有易而淫焉，有易之君緜臣（緜，同绵，宋本作绵）杀而放之（即杀戮后又放逐之。之，指王亥统率的一群人，其中包括王亥的弟弟王恒，大约王亥被杀之后，王恒乃被放逐），是故殷上甲微（原作"殷主甲微"，上字从宋本改）假师于河伯以伐有易，灭之，遂杀其君緜臣也。

（《山海经·大荒东经》）郭璞注引古本《竹书纪年》

王子夜之尸，两手、两股、匈、首，皆断异处。[王子夜：疑即王子亥，"夜"

"亥"形近易讹；王亥史称"殷王子亥"，又惨遭杀戮，与此尸象相合。"两手、两股、匈、首，皆断异处"：原作两手、两股、匈、首、齿皆断异处，江绍原《殷王亥惨死及后君王恒上甲微复仇之传说》（见1936年11月28日《华北日报》副刊"中国古占卜术研究"）谓齿字与首字形近而衍，是也，从删。如此则王亥惨遭杀戮，系尸分为八（胸首各二，加上两手，两股凡八），合于"亥有二首六身"（《左传·襄公三十年》）的古代民间传说]

（《山海经·海内北经》）

该秉季德，厥父是臧，胡终弊于有 ，牧夫牛羊？（该：即王亥。"季"：即王亥之父冥。《国语·鲁语》："冥勤其官而水死。"韦昭注云："冥，契后六世孙根围之子，为夏水官，勤于其职而死于水。"即此。"臧"：善。"弊"：败。"有扈"：即有易。四句郭沫若译：王亥承受着季的基业，学习着他父亲的善良，为什么终于死在有易，还失掉了牧夫和牛羊？）

干协时舞，何以怀之？平胁曼肤，何以肥之？（四句大意是：王亥初到有易，有易国君以曼妙歌舞，怀来远人；出丰盛饮食，接待贵宾，以至于王亥兄弟到后不久，即身体肥泽，胁为之平，肌理为之轻细。曼肤的曼，就是轻细的意思）

有扈牧竖，云何而逢？击床先出，其命何从？（牧竖：牧童。四句大意说：有易的牧童，在什么地方发现王亥和绵臣妻子的奸情？发现之后，在床上杀死了王亥，当先跑出，这又是出于谁的指使、命令？）

恒秉季德，焉得乎朴牛？何往营班禄，不但还来？（焉：于是。朴牛：服牛，驯牛。四句郭沫若译：王恒也承受着季的基业，于是乎得到了牧牛；为什么还要到有易去请求恩情，不想替兄报仇？于是。"往营班禄"，四字不甚可解，当即是到有易去请求恩情，惟"不但还来"，疑是说王恒在有易有所留恋，不即回来；自然，这当中也就有"不想替兄报仇"之意了）

昏微遵迹，有狄不宁，何繁鸟萃棘，负子肆情？（昏微遵迹：昏微，即上甲微，昏同昬。史传以为上甲微为王亥之子，惟据卜辞，王亥与上甲微之间，尚有王恒一世，又据《天问》诗意，上甲微实当为王恒之子，不当为王亥之子。则所谓昏微遵迹者，乃王恒之迹，向有易求索牛羊也。有耿不宁：有耿，即有易；上甲微既兴问罪之师，有易因而为之不得安宁。繁鸟萃棘：繁鸟，众鸟；萃，止：众鸟止于荒野的荆棘，是有易已惨遭屠戮的景象。负子肆情：负，读为媍，即妇，负子肆情，谓上甲微肆情于有易族的妇子，言其任意屠戮也）

眩弟并淫，危害厥兄，何变化以作诈，而后嗣逢长？（眩弟：眩，当是胲字之讹，胲弟，即亥弟，指王恒。而后嗣逢长，从王逸注引一本改。逢长，繁昌。四句大意说，王恒与兄同为淫乱之行，因而危害到其兄的生命。为什么像这样善于拿变化来从事欺诈的人，他的后代子孙反而会繁昌？据此诗意，上甲微说成是王恒的儿子当更可信）

第七节　汉字故里

贾延清

《辞海》曰：文字是"记录和传达语言的书写符号，扩大语言在时间和空间上的交际功用的文化工具。对人类文明的促进起很大作用。"中国文字不是一个人发明的，也不是在短期内产生与成熟起来的。它是中华民族几千年集体智慧的结晶。然而，万事皆有先驱者。《吕氏春秋·君守》载："仓颉作书。"《淮南子·本经》："昔者仓颉作书，而天雨粟，鬼夜哭。"《后土宝卷·禘祖经》载："有仓颉图百像，始制文字。"《帝王世纪》曰："黄帝史官仓颉，取像鸟迹始为文字。"

仓颉，黄帝史官，自古以来，被人们尊为中国文字的鼻祖。

值得注意的是：易县、涞水、徐水一带，历史上曾有许多仓颉庙，如易县后山（又称洪崖山）有黄帝庙，还有仓颉庙。后山脚下白马乡也有仓颉庙，还有许多仓颉造字的神奇故事。

后山和釜山文化的研究表明，易县、涞水、徐水、涿州一带，均为《史记》中所记黄帝同炎帝战于阪泉之野、同蚩尤战于涿鹿之野，实现中民族历史上第一次大融合、大统一的根据地和指挥中心。仓颉跟随黄帝多年，因有传达号令失误而贻误战机之事，黄帝令仓颉造字。据清光绪元年版《涞水县志·坮庙》载：涞水城隍庙有一座香火很盛的"二圣祠"，祠中供奉的二圣祖之一就是仓颉。传仓颉在涞水仓刀山造字，为后人造了福，涞水人近水楼台先得月，故建祠纪念他。碑上有斗大二字："字圣"。

徐水釜山是黄帝汇诸侯"合符"处，山下一崖洞内有195个符号组成的崖刻，谁也看不懂。周长富教授把195个符号编号分析，其中95个重复，只有100

个各不相同，同时，把全国各史前考古地出土文物中的符号收集整理，按照新石器时代的考古学文化的年代序列，检视釜山岩刻符号与相关考古学文化的关系与联系，发现：

1. 釜山崖刻具有文字性质；

2. 釜山崖刻与黄河流域、淮河流域和长江中下游地区史前考古文化都有联系，印证了《史记》关于黄帝"东至于海、登丸山及岱宗；西至于崆峒，登鸡头；南至于江，登熊湘；北逐荤粥，合符釜山"的活动范围是有根据的。徐水釜山有这么多岩刻分布在这么大的范围内，充分说明黄帝"合符釜山"就在这里。

3. 在上述基础上，本着中国汉字前后有传承、古今有区别的原则，循着汉字的六书理论，对照各史前考古出土文物中符号已认定的含义，特别是对照甲骨文研究成果，对釜山岩刻进行剖析，认为徐水釜山岩刻是仓颉所作"合符釜山"昭告天地的祝文，大意是：

【昊】天（83）【上】帝（22）、皇（99）地（103）后（60）土（72）、山（43）【岳】河（104）渎（47）、先（96）王（99）祖（1）宗（62）：
【惟】神（105）农（82）【世】衰（5），天（83）道（6）丧（34）亡（92），侵（23）暴（74）日炽（73）（49），蚩（77）尤（100）尤（100）【甚】。轩（37）辕（39）【修】德（51）【振】兵（97），杀（31）蚩（77）尤（100），逐（21）山（43）戎（89）。【今】华（28）宇（80）会（14）【昭】，【推】尊（106）黄（66）帝（22）【代】炎（68），合（67）符（95）釜（52）山（43），【画】龙（16）建（30）号（108）。东西南北（56），同（65）尊（106）共（11）主（99）。冶（30）金（57）戈（55）矢（50），撰（61）师（93）【宣】劳（58），【以】申（18）天（83）威（13）。封（9）【禅】釜（52）山（43）【为】轩（37）辕（39）圣（25）山（43），共（11）【举】风（90）后（60）、力（58）牧（75）、常（35）先（96）、大（33）鸿（85）作（30）云（78）师（93）。抚（38）人（19）民（107），合（67）众（14）【国】。敬（106）天（83）命（54）【而】牧（75）仁（8）治（70），观天象（45）（46）（71）天（83）人（19）合（67）【一】。【顺】星（45）历（7）

釜山岩刻

春（4）夏（10）秋（40）冬（63），【授】民（107）时（82）春（4）种（44）秋（40）收（20）。播（44）五（48）谷（2），驯（29）七（91）畜

(15)，育（60）桑（32）蚕（12），【节】渔（94）猎（75），营（30）【殡】葬（34）。幽（81）明（84）【无】存（38）亡（92）【之】难（74），五（48）【行】尚（106）土（72）德（51）【之】瑞（64）。我（86）华（28）宇（80）兄（53）弟（27），齐（14）心（51）合（67）力（58），自强（3）（109）不（101）屈（5），【永】不（101）分（42）争（87），並（11）【臻】大（33）同（65）。【于】甲（91）子（36）【年】壬（3）戌（86）月（41），黄（66）道（6）吉（64）日（4），在（69）釜（52）山（43）【设坛备仪：玉（24）牛（29）羊（26）】【致】祭（106），昭（84）【告】天（83）帝（22）皇（99）【祇】，【简】在（69）帝（22）心（51），【垂】赐（59）祥（26）祐（38）。【尚】享（17）！

仓（76）颉（64）作（30）

由此看来仓颉在此发明文字之说，并不为虚。

第八节　宗教的源头

贾延清

何谓宗教？《辞海》曰："宗教，社会意识形态之一。相信并崇拜超自然的神灵，是自然力量和社会力量在人们意识中的歪曲、虚幻的反映。"它产生于史前社会的后期。当时的生产力水平极为低下，人们还无法控制自然力量，幻想以祈祷、祭献或巫术来影响主宰世界的神灵，形成最初形式的宗教仪式。易县中易水北岸北福地考古发掘出土的祭祀场及祭祀物，距今约8000年，是史前宗教在易水流域活动的突出证明。

北福地祭祀场近似长方形，东西长10.8米，南北宽8.4米，总面积90余平米。祭祀遗物91件，其中陶器35件，有陶盆、陶杯、陶罐等；石器工具41件；玉器6件；水晶2件；绿松石4件；石雕1件；砺石2件。上述按一定规则组合与摆放。石器中的耜是人类先祖最早农耕时的一种工具，通体磨光，非常精美，无论其是作为祭品还是被祭祀对象，都表明古代农耕文明在这里已经诞生。玉石、水晶、绿松石等都属珍品,故用于祭祀,附近还出土了陶制假面具。专家认为,"陶制假面具"是"一种与宗教或巫术有关的特制品,是北福地遗址第一期遗存,甚至是北福地一期文化的一个重要构成因素"。专家断言:"北福地的祭祀现象具有相当的局部完整性。"这对研究史前祭祀方式颇具作用。

北福地祭祀场出土石器和陶器组合　　　雕刻人头假面具

考古发掘还出现了大量房屋遗址,这表明约8000年前,我们的祖先已在此定居,并形成了村落,说明以种植和养殖为主要标志的古代农耕文明此时已具有一定的水平。然而,出土的各种用具完全是石器和陶器,没有金属用具,这同样说明当时的生产力水平还相当低下,此种现象也符合宗教产生的社会基础。

第二章　古老的易县

第一节　玉文化

贾丽霞

2003年我国考古工作者在易县中易水北岸、北福地考古发掘出土了玉和玉匕，数量虽少，但它充分说明：1. 北福地的古代先民，对玉的性质有了初步认识，并且制造了不同器型的玉器。2. 华北地区没有玉的产地，只有辽宁的岫岩和新疆的和田是非常丰富的产区，这从另一个侧面反映出北福地的古代先民就已懂得物品的交易和流通了。3. 碳-14测定，北福地遗址距今约8000年，说明北福地人那时已开始用工，这将我国的玉器起源提早了1000多年。4. 此玉器是在北福地祭祀场中发现的，说明北福地的古代先民是用玉来祭祀天地和祖先的。

汉代许慎在《说文解字》中说："玉，石之美者。"这一注释从物质（石）和艺术（美）两个方面科学地阐述了"玉的概念"。"三玉之连其贯也"，即三块美玉用一根绳子贯穿起来，是"丰"形。也喻意古人用玉象征万物。"三玉之连代表天地人参通"，玉代表人间福祸的主宰，所以古人有"黄金有价玉无价"、"藏金不如藏玉"之说，玉的珍贵可想而之。

玉在我国的历史源远流长。早在旧石器晚期，中国人的祖先就发现并使用玉石了，远古先民耕作时使用石制工具，当发现玉这种矿物比一般石头更为坚硬后，就改用玉来加工其他石制品。同时玉有着与众不同的色泽和光彩，晶莹通透，惹人喜

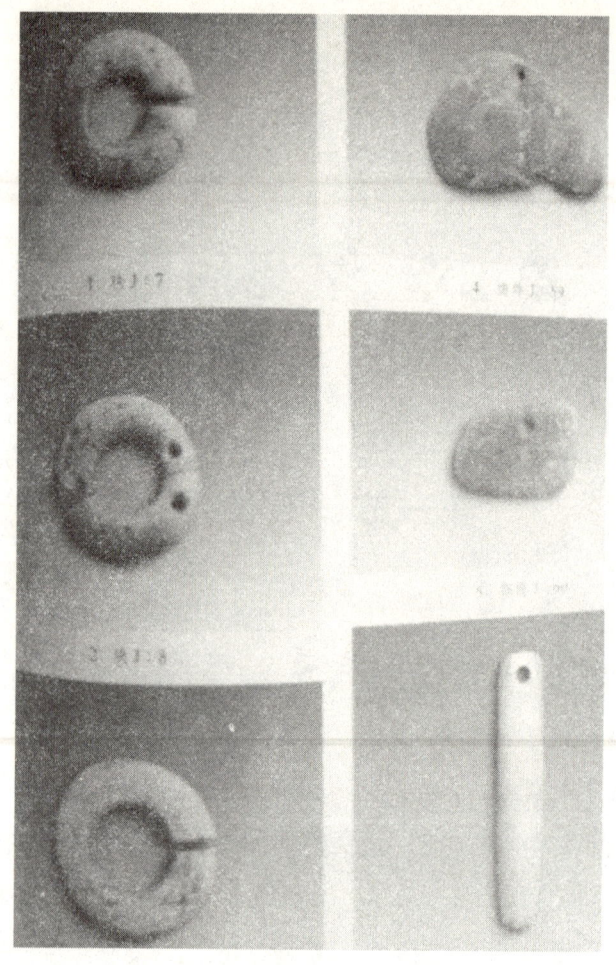

北福地出土玉器和绿松石

爱，于是人们就用它来做装饰品。又因玉的数量不多，而且加工困难，所以只有族群里的少数头面人物，如族长、酋长、祭师才有资格佩戴和使用它。这也使得玉渐渐演变成礼品、祭器或图腾。正是在这种长期缓慢的进化过程中，玉由原先的仅仅是一种特别的石头而转化为权力、地位、财富、神权的象征。

从出土玉器考证，公元前四五千年左右的浙江余姚河姆渡文化、太湖流域良渚文化、黄河流域龙山文化，均发现不少玉器。在辽宁新时器遗址中也发现了玉器。这些考古发现，最早的也只有六七千年。北福地玉器的发现，说明易水流域是中华民族最早使用玉器的地方之一。

我国是世界上使用玉最早且绵延时间最长的国家,素有"玉石之国"的美誉。在数千年的继承和发展中,玉从史前的古朴、雅拙,到秦汉的雄浑豪放,再发展到明清时代的玲珑剔透、博大精深,经历了一个由"物—神—人—物"的漫长发展历程,是不同时代、不同思想观念下的不同产物。长期以来,它们相辅相济,长短互补,最终百川归海,殊路同归,共同构成了8000多年璀璨耀目的中华玉文化。

玉字,始于我国甲骨文和钟鼎文。汉字中的珍宝都和玉有关,玉字在古人心目中始终是一个美好、高贵的字眼。在古代诗文中常用玉来比喻和形容一切美好的人或物。例如:"千样玛瑙万样玉,二十四桥明月夜,玉人何处教吹箫"、"书中自有黄金屋,书中自有颜如玉"、"宁为玉碎不为瓦全"、"玉洁冰清"、"金玉良缘"、"锦衣玉食"、"金口玉言"……孔子说:"玉有仁、智、义、礼等十一德。"《礼记》曰:"君子无故,玉不去身。"都是强调做人要向玉学习。中华民族这种崇玉、爱玉、佩玉、赏玉、玩玉、藏玉的风尚,近万年长盛不衰。

第二节　农耕文明

——北福地出土最大最精美最古老的耜

贾延清

耜,《辞海》曰:"古代农具名。用于插地播种起土等,类似于锹。最早的耜是由石头打制而成。它是中国古代农耕文明起源的标志物。"

人类进入新石器时代后,古代先民在进行渔猎活动的同时,也采用一些草籽和树上的果实,以弥补渔猎的不足。他们惊奇地发现,掉在地上的草籽第二年还可以发芽、生长,再结新果实。于是他们想,如果把草籽种在住处附近的土地上,摘采收集不是更加方便吗?但播种是需要工具的,于是他们就把石头打制成耜,用于耕种。播下去的种子,果然又结出新果实。于是人类开始了种植。这应该是中国农耕文明的起源。

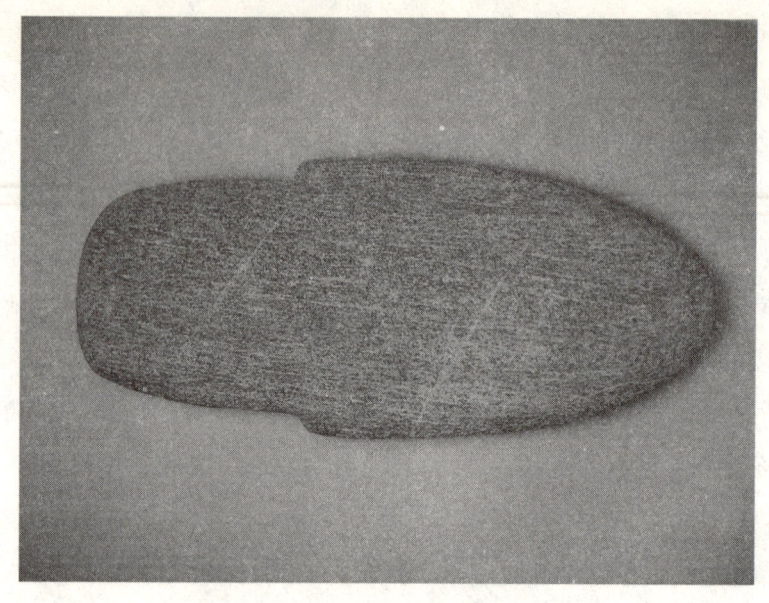

北福地出土石耜

我国考古界曾多次发现古代先人用过的耜，时间最早的距今大约6000年左右。2003年和2004年，在易县北福地出土的耜距今约8000年，其体长46厘米，不是用石头打制的，而是磨制的，非常精美，是迄今为止我国考古界发现的最早最大且最精美的耜。这个耜是在祭祀场中发现的。那么，它是用来祭祀的，还是被祭祀的对象呢？不管是哪种情况，它都充分证明，易水的北福地一带是中国古代农耕文明的发祥地之一。北福地同时出土的房屋遗址、陶器、雕刻假面具等，都说明在8000年前，古代先人就已在这一带定居并进行农耕，所以易水流域是中国农耕文明的发祥地之一。

第三节 中国房屋建筑

贾延清

房屋是人类生存和生活的必需物，也是人类由荒蛮向文明转变的分水岭。远古时期，古代先人由穴居、巢居逐步发展到室居。房屋就是室居的必然产物，也是人类进入新文明阶段的标志。研究表明：易水是中国房屋建筑的发祥地之一。

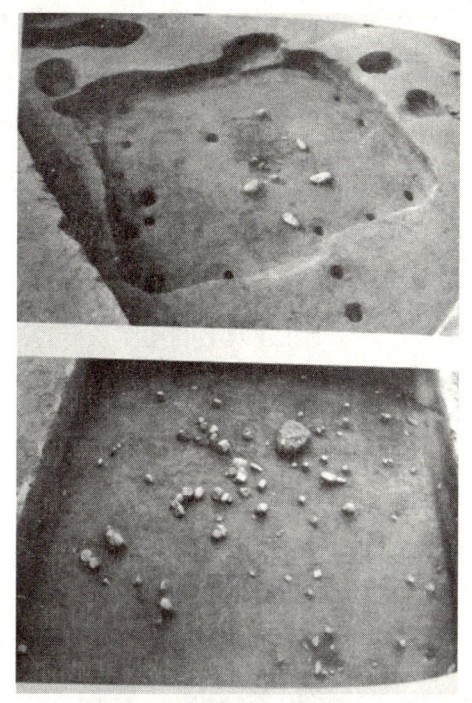

北福地出土房址

2003年和2004年，国家考古工作者对易县北福地史前古人类遗址进行考古发掘，发现房址14座。其中保存比较完整的有10座。除一座平面近似圆形外，其余均为方形或长方形。房址内可使用面积在7－16平方米之间，其中以11－15平方米的居多，房屋为半穴式。室内有灶，分地面式和浅坑火塘式两种。室内四边壁脚处有柱洞，说明建设者使用木材做支柱。专家认为，房屋应属人们日常生活的饮食起居之所。北福地古人类史前遗址总面积达3万平方米，发掘面积1200平方米，出土房屋遗址14座。密度之高可想而知。发掘遗址内还发现了祭祀场和祭祀物品。专家断言：大量房屋居址的发现说明北福地遗址属于一处定居村落。其生存模式为：居住在以半地穴式房屋为主要建筑形式的定居村落里，有公共的祭祀仪式活动中心，从事采集、狩猎和农耕。

黄帝时期距今大约五千年左右。许多史料记载，黄帝教人们建房屋、吃熟食、织丝帛，改变了茹毛饮血的荒蛮生活方式。而易水流域的古代先民远在8000年前就已建造房屋，实行定居生活，可谓奇迹。

燕下都出土的辅首，标志着易水流域先进的建筑方式，在历史的漫漫长河中一直延续下来，并且有了很大发展，而且一直处于领先地位。到战国时期的燕国，已发展到大规模雄伟的宫殿建筑群。燕下都考古发掘出土的大量建筑材料和建筑遗址的特色有三：一是建筑材料丰富多彩，品种多样，如板瓦、脊瓦、垂脊瓦、垂脊饰、瓦钉、方砖、矩尺形砖、贴壁砖、栏杆砖等，而且根据宫室的等级不同，使用瓦的大小亦不等。二是在建筑上利用屋顶形式与瓦件结合并着色的装饰艺术，形成思想和艺术融为一体的建筑风格。三是在中轴线上进行宏伟壮观的对称建筑群。这些突出的建筑特点，形成了独特的建筑文化，对中国的建筑影响深远。

燕下都出土辅首

燕下都出土瓦当

燕下都出土的大量建筑材料和建筑遗址，为研究我国古代建筑提供了丰富的实物资料，是中华民族建筑文化的瑰宝。中国考古界一代宗师苏秉琦先生在谈到燕国的影响时说："燕国是北方大国，燕下都40华里范围是方国都城的最高规格，战国七雄都想建立大帝国，以燕国影响为最大。荆轲刺秦王的故事，就反映了燕赵慷慨悲歌之士不服输的性格。秦灭燕费了很大气力，就是秦始皇统一全国所建的阿房宫，也是受到燕下都的启发。从按中轴线分布的大宫殿群到大建筑构件，都是仿燕下都的规格设计的，秦始皇陵特制专用的夔纹大瓦当，与当时中原流行的云纹瓦当不同，而燕下都众多种类的兽面纹瓦和饰夔纹的大型构件，可能是它的来源。可见秦始皇的大帝国思想的形成与北方燕不无关系。"（苏秉琦《中国文明的起源》，香港商务印书馆1977）

第四节　易水河畔冶铁的炉火

贾延清

冶铁业发展状况如何，曾是国家和地区社会经济强大与否的标志。而易水曾是中国古代冶铁技术最早最先进的地区之一。

古燕国都城——燕下都在河北省易县。20世纪五六十年代，我国考古工作者对燕下都考古发掘，出土了大量的铁器。这些铁器，不但有日用品，亦有全套的农业生产工具和手工业工具；不仅有各种兵器、车马器，亦有装饰品和防护用具，几乎涵盖了社会生活的方方面面。这说明，战国时期的燕国，铁器的使用已相当普遍。比如铁制兵器有剑、矛、戟、刀、匕首、弩机、镞、钩、铍等；防护用具有铁胄、铠甲等；车马器有轿、衔、镳等；农具、工具和生活用具有镈、锄、钁、三齿镐、铲、镰、凿、锤、钻、冲、锥、锯、削、工具刀、环首刀等，还有铁制刑具，几乎应有尽有。经专家金相学考察，证明在公元前3世纪初叶，铸铁、钢等技术已被燕国所掌握，并创造了用块炼法得到海绵铁增炭来制造高炭钢的技术。燕下都大批完整的淬火钢剑的发现，是迄今为止我国史书记载或出土文物中最早的淬火钢器，这将我国已知的淬火技术的年代，提早了两个世纪。考察结果还表明：燕国冶铁业中已掌握的淬火和铸铁可锻化热处理技术，达到了热处理工艺的高水平。专家断言，这是在世界冶金史上占有重要地位的宝贵成就。这一成就大大提高了燕国的生产力，推动了社会经济、军事和文化的发展，奠定了燕国成为七雄之一的有利地位。

第二篇　地理易县

第一章　最早的全年雨情预报站
——易县云蒙山乳水洞石槽

李金泉

据晋《通志》和《大清一统志》载，易县云蒙山乳水洞内有十二石槽，每年正月十六乡民自西至东观之，依据槽内水的有无和多少，可提前预知全年哪个月雨水充盈，哪个月干旱，哪个月雨水适中，甚是准确，成为古代最早的全年雨情预报站。据当地村民讲，此事已流传了数千年。

易县云蒙山乳水洞古老而神奇，相传著名的思想家、外交家、教育家鬼谷子先生曾在此隐居修行。唐人李善在《文选》中说："鬼谷之名隐者也，神中之通号，即人物御龙帛战国中主人，驾驭游龙飞翔升腾时隐时现，时升天国，时降人间，曾示燕谷。"燕谷即今河北省易县云蒙山鬼谷峪。鬼谷峪乳水洞的古碑记载："此洞即鬼谷子隐居处。"在乳水洞的石壁上嵌有石碑，均系后人重修乳水洞鬼谷子庙时的碑记，其中在晋修太宁寺时有一座碑文曰："静觉寺的山后十五里有乳水洞，系战国鬼谷大仙披门仙师修真之所。"还有一石碑曰："云蒙山乳水洞南百里许有座山名唤琅琊山（即今狼牙山），主峰为棋盘坨，坨上有一青石板，板上刻有棋盘乃鬼谷子与轩辕（即古时黄帝）对弈处。"此棋盘至今尚存。这就证实了琅琊山（狼牙山）上的棋盘系黄帝与鬼谷子曾对弈之棋盘。

民国县志引《大清一统志》载："乳水洞在易州西七十里云蒙山西，洞宽四丈许，有石槽十二，洞中曾有过一统石碑，石碑一湿，即将下雨。故碑刻云：十二槽水明旱涝，一统石碑示阴晴。"

著名学者、藏书家、曾任民国教育部长、故宫博物院图书馆馆长的傅增湘一行,曾于1922年9月来此亲临考察,经再三审视,诧叹欲绝。他写道:"据通志(注:通志即宋郑樵撰二百卷通史)载:洞一旁有足爪痕,乃孙膑所造也,洞中有石槽十二,每岁正月十六日,自西至东,乡民循次而占某月旱则某槽无水;某月雨则某槽有水,多奇中。州志言,洞中生石蕊,四时凝滴,虽盛暑逼人皆凌气,余欲躬验其异,乃解衣入视,从神座后佝偻而进,初尚匍匐,渐进崖石低压至不容身,乃纵横旋转而前,历尽十二槽……盖所谓十二槽者,乃石龙僵化之所造也。其身自平地收起,体干浑圆,色泽深碧,皮纹鳞皱抚之隐然,其首陷入西岩石内,尾掉于东壁,身高于平地约尺许而曲处低洼,成天然石沟,其最后一曲之处,垂乳下滴,成石柱者三。奇诡如朵莲,如垂芝,如擢笋,旁具蛙鱼诸形,神气宛如肖,岩泉滴沥下汇为池,深叹造化之神奇,非人所能及,余谓旧题乳水,名实未符,宜改曰石龙,以彰胜迹。"诗曰:

　　　　石龙僵化十二槽,首西尾东身自豪。
　　　　蜿蜒蟠曲雄奇妙,亭具蛙鱼神气肖。
　　　　崖泉滴沥汇为池,此中造化无人知。
　　　　莫说此景人间少,乡民岁岁占吉凶。

鬼谷子,姓王名翔,乳水洞确其曾隐居修行之所,旧有王禅、孙膑、苏秦、张仪、王敖等人塑像,洞外建有庙宇房屋。每逢三月三,进香还愿者,络绎不绝,洞门两侧有一对联曰:

神仙府:

dui　　　dun　　nong
雲　靐　　雲靐　　雲雲
　　　　　　雲雲　　雲雲

东王宫：

ta　　ta　　sheng

龍　龖　龘　𪚥

在山上大门两侧有明柱，一对联上书："洞不取暖龙吐暖，山门不关白云关。"在洞的右侧石壁上自右至左尚有清代摩崖一处，文曰：

nong　ta　yu　shi

雲雲　龍　示　帀
雲雲　龖

四个大字，下款为光绪十五年岁次，钦命漕运总督直隶布政使马焦松敬书。

这是光绪十五年间（1889年）清末直隶马焦松（相当于河北省政府省长）代表全省求雨应验后留下的墨迹。这说明，云蒙山乳水洞不仅是全年各月降雨情况的预报处，而且是求雨的圣地。四个古体字为浓、沓、雨、师，雨师传闻指赤松子。浓沓系指鬼谷子王翔。

在乳水洞外，还有登云坨、大窖坑、滴水塘、白龙潭、水帘洞、童子洞、金仙洞（赤称毛遂洞）、赤松子洞等等。

鬼谷峪乳水洞，黄帝曾来此请教鬼谷子定国之术。黄帝在进山的路旁，用384块原石砌垒而成的擎天柱一桩，历经五千年不曾走样，人们习惯称为镇山塔、太阳神柱等。太阳神指炎帝。因为炎帝为人类做了许多好事，如尝百草等，所以人们都很敬仰炎帝。炎黄联合以后，黄帝非常敬重炎帝，凡事总把炎帝摆在首位,后来人们亦称"炎黄",而不称"黄炎"。黄帝每到一地,总要先建太阳神柱,意为炎帝是顶天立地的擎天柱一样,因此,历代帝王、诸侯常来此祭拜,故被列入宋撰《通志》。

晋十六国后赵太宁元年始建太宁寺、静觉寺、云盖寺、上方寺。梁、唐、晋、汉、周五代宰相冯道曾隐居此处讲经,筑吟诗台(即易州十景之一的吟台夕照),并留有九曲流觞图一处,清乾隆赐名永宁山,现仍有清西陵风水墙,已列为国家重点文物保护单位、世界文化遗产。

太宁寺(又名静觉寺)有一白塔,始建于辽天庆五年(1115年)三月十五日。此塔历经843年于1958年农历六月六日正午时分自然倒塌。当时有一牧羊者见羊群躁动,乱跑乱叫,又见塔顶连冒三股白烟,然后一座13层27米高的大塔瞬间变成一堆石砾。

太宁寺能见到的古迹只有双塔庵双塔了。清人陈士倌诗曰:

> 古诗白鹤万仞巅,
> 遥看双塔白云边。
> 云盖上方皆为圯,
> 留取禅庭炉练丹。

双塔寺曾有尼姑庵、僧房、佛殿数十间,由僧尼主持。现殿堂已毁,仅存断垣残壁,双塔完好。南塔建于崖顶上,高22米,八角13层,双檐斗拱。北塔高18米,瓦顶13层,两塔相距50米,尚存碑文可见。藏圆(傅增湘)老人太宁寺诗曰:

> 横岗塔影尚重重,
> 积翠岩前藓经封。
> 残碑祇供牛厉角,
> 断垣时间虎留踪。

吟台事往空遗恨，
净刹寻来偶驻筇。
闻道陵圆樵采盛，
缘岩寻访卧龙松。

第二章　三千多年前的古天文台

贾延清

明《保定府志》载:"候台,在政府西五十步,周武王大分岳牧,古筑此台,以为日者占候之所。"即今易县朝阳路西街卫生局大楼对过100米处,部分遗址尚存。

候台,是古代先人用以观测天象、研究历法的。候,《辞海》曰:"五天为一候。"《素问·六节藏像论》说:"五日谓之候,三候谓之气,六气谓之时,四时谓之岁。"我国古代把一年分为72候。《逸周书》则分为72候或73候,即360天或365天(与我们常说的阴历和阳历非常接近)。每候的平均气温称候温,并按候温划分四季,连续五天日平均气温的平均值大于或等于22℃,这五天中第一个大于或等于22℃的日期为夏季的始日(即立夏),小于或等于10℃的为冬季始日(即立冬),介于两者之间的分别为春季或秋季。易州候台始建于周初。明《弘治易州志》引唐《易州候台记》说:"昔武王应天顺人奄有周室,召公受命作伯宅,奠方物、建宗庙、立城市,分器辑其邦

候台部分遗址

家，筑台观乎云物。"武王克商建周，封召公奭于北燕。学者研究后，多数认为在公元前1066年，而考古专家则认定为公元前1046年。如此推断，易州候台距今已3000余年。

召公奭奉武王之命建候台之目的，唐《易州候台记》曰："以观乎云物"，"日者以占之，使八风不奸，五云式序，人无凶耗夭瘥之疾，国绝丧荒水旱之沴"。大意是观天象、制历法、测吉凶，造福国家和百姓。

在易县这块宝地上，我们的祖先历来重视天文研究。黄帝重臣伶伦（又名洪崖），既负责祭天祭地祭祖，也负责对天文地理的观测与研究。黄帝联合炎帝打败蚩尤后，迁都新城，仍令他负责管理后山这块宝地。于是洪崖山因此而得名。

继召公奭建易州候台、观天象为民造福后，燕昭王更重视对天文历法的研究。邹衍不仅是著名的理论家、地理学家，创造了"阴阳五行说"和"世界大九州说"，而且对天文历法也有特别的研究。其在战国七雄中有"谈天衍"的美称。因此燕昭王拜他为师，并委以重任，让他负责燕国的经济工作。邹衍把他的理论与燕国实际结合起来，创造了许多奇迹。史书中有关于邹衍"吹律"使气候变暖、让百姓种粮食丰收的记载，但实际情况是，他看到燕国北部不少地方地势高，气候寒冷，不生五谷，百姓日子很苦，而当时正是春夏之交，以他对天文历法的研究，预测到将会季节交替、气温逐渐升高。于是他吹律三天三夜，气候果然变暖了，他又找来生长期短、成熟早的黍谷新品种，教人们种植方法和及时管理的办法，结果当年就获得了丰收。因此邹衍"吹律"的故事像神话般地传开了。

邹衍为燕国的发展做了大量工作，其中包括对天文历法的研究、农具的革新、优良品种的引进、农作物新的管理办法的推广等等，都颇有成效，这些都为燕国的发展强盛奠定了雄厚的物质基础。

易州大地的先民们对天文历法的观察研究始终没有中断过。西汉时，易县尉都的李显（公元前249—197年）是黄帝重臣伶伦（也称洪崖）的后裔，其祖祖辈辈致力于天文历法的研究，很有成就。汉高帝十年（公元前197年），李显得知汉高帝招贤纳士，于是带着绢本律历投奔京都，结果误入萧何府，被暗害，其律历也变成了萧何律，后流传到司马迁手上，因此成为《史记》中"律书"的依据。

第三章　黄金台

贾延清

黄金台，又称金台、燕台、招贤台，位于易县燕下都遗址中武阳台东南约4.5公里的"金陵堤"外，为战国时燕昭王所筑，距今已有2300多年的历史了。

每个帝王都希望国富民强，也都知道人才对兴国安邦的重要性。然而，像燕昭王那样，用高筑黄金台的办法，把国家人才战略表达得如此通俗明了，运用得如此淋漓尽致、炉火纯青的，在古代帝王中还没有第二个。

（一）

燕国是周朝初期最早的诸侯国之一。周武王克商分封诸侯时，功劳最大的三位功臣最先得到封赏：姜子牙被封到齐国，周武王的弟弟周公旦被封到鲁国，召公奭（周武王的弟弟）被封到燕国。当时召公奭任大周宰相，所以他是兼做燕国国王的。同时被封的还有71个小国。几代过去了，诸侯变成了王。到燕王哙时，他标新立异，学习远古圣贤尧、舜、禹，把王位让给了宰相子之。子之不才，把个好端端的燕国搞得民怨沸腾、天下大乱。齐国乘机进攻，杀死燕王哙和子之，将珠宝和宗器洗劫一空，燕国近于灭亡。公元前311年，燕昭王在这种危难时刻继承了王位。

（二）

　　面对父王被杀、国家遭掳、国库空虚、民不聊生的惨局，年纪轻轻而意志坚强、有雄才大略的燕昭王遍访贤臣。德高望众的老臣郭隗告诫他："如果你想得到不如你才能的人才，你只须像对待奴隶一样对待人才就可以了；如果你想得到与你的才能相当的人才，你只须像对待朋友那样对待人才就行了；如果你想得到超过你的才能的人才，那么你要像对待老师一样对待人才才行啊！"燕昭王告诉郭隗，他真诚地希望得到才能超过自己的人才，也会像对待老师那样崇敬他们。但上哪里去找这样的人才？郭隗说："千里马常有，而伯乐不常有。就像明君渴望人才一样，天下的豪杰也都渴望明君啊！"可明君在哪里？谁是明君？你说你是明君，天下人谁信呢？"你只有拿出行动来，人家才会相信你。"郭隗接着用"千金买马骨"的故事告诉燕昭王应从哪里做起。他说，从前有一个国君特别喜欢千里马，一心想得到，但三年过去了，却一无所获。他手下的一个小侍臣便自告奋勇去寻找千里马。当他费了九牛二虎之力找到千里马要买回时，不巧的是，千里马死了。聪明的小侍臣花了五百金将死马骨买回来，却遭到国君的埋怨。小侍臣告诉国君："你的钱是不会白花的，一匹死的千里马马骨你都愿意花高价买下。这个消息一传开，天下人都知道你真心实意喜欢千里马，而且识货、说话算数。这样一来，一定会有人把千里马主动送来的。"果然不出一年，国君就得到三匹千里马。讲完故事，郭隗说："老臣不才，可以算是千里马骨吧。如果你想得到天下英才，就先从我开始吧！"

　　燕昭王早就听说老臣郭隗德高望众、博才多艺、忠肝义胆，不仅道理说得明白深刻，而且在此危难时刻敢于挺身而出，这让他很是感动。于是他采纳了郭隗的建议，在都城最显要的位置修筑高台，台上建起宫殿，台上的宫殿甚至比燕昭王的王宫还豪华，宫内放置了大量的黄金，用以聘用贤才。他首先拜郭隗为师，封为宰相，让他第一个住到台上宫殿内，并赐黄金万两。每天他都以弟子之礼向郭隗请教治国安邦之策。燕昭王还派人到各地张榜纳贤。这就向天下人发出了一个强烈而明确的信息：燕国把最重要的官位留给了天下的英才，是英才就能得到重用，就能获得高标准的待遇。一时间，燕昭王高筑黄金台、招贤纳士、广聚人才的美名传遍天下，有识之士纷纷投奔而来。就连别国不太得志的英雄豪杰也都投奔到燕国。正如李白所说："剧辛方赵至，邹衍复齐来。"（剧辛是战国名将，邹衍是齐国著名阴阳学家、五行学说创始人）每位英才到来，燕昭王都把都城打扫得非常干净，然后以清水泼街，着简朴的服装，亲自率文武百官到城门迎接。安顿好英才后，又像小学生一样虚心向他们求教。

"像对待老师一样对待天下人才"，燕昭王的国家人才战略贯彻得非常坚决和彻底。他不仅尊重他们，为每个人安排最适合发挥他们优势的位置，量才录用，而且把责、权、利结合得恰到好处，真心实意地为这些英才大展宏图创造了条件。但实际上，燕国当时正处于国库空虚、民不聊生、国家近于灭亡的状态。燕昭王在这种形势下，敢于在招贤台内放置大量黄金，让前来的各路豪杰，不论投靠燕国与否，只要有所需便任由取用，是何等的气魄和胸怀！这样，招贤台就成了真正的黄金台，舍却大量黄金而广延贤士，这在燕国当时并不强大的背景下，做出如此重大的决策是需要非凡的勇气和胆识的。燕昭王不愧为贤明之君，他以自己的行动征服了天下的英雄豪杰。纵横家苏秦来了，他明着是齐国宰相，暗地里处处为燕国着想，他把燕国作为自己的祖国，成为燕在齐国的卧底。乐毅是战国名将，连诸葛亮都十分敬佩他。据《三国志》载，诸葛亮自比管仲、乐毅。而燕昭王与乐毅一见如故，君臣相处得十分默契。凡是人才，不光有才能，而且多有个性，他们在燕昭王手下，为何如此尽心尽力、尽职尽责、服服帖帖呢？除了权利和用人政策外，也与燕昭王的人格与长远目标分不开。招贤馆里人才济济，但燕昭王始终不骄不躁，对任何一位人才都始终保持着谦虚、谨慎、礼贤下士的作风，他不急于求成，而是注重改革，注重修养生息、蓄积民力，发展农业，奖励工商，操练士兵，等待最佳战机，以确保万无一失。

这样，经过28年不寻常的努力，燕国变得百废俱兴，蒸蒸日上，国富民强，成为战国七雄之一。

燕昭王二十八年（公元前284年），昭王拜乐毅为上将，联合秦、楚、韩、赵、魏五国共同伐齐，激战于晋邑，大败齐军，乐毅率燕军乘胜攻克齐国七十二城，直入都城临淄。烧毁齐国都宫、庙、宗室，掠珍宝巨财一空，尽归燕国。战后，燕昭王封乐毅为昌国君。此时，燕国达到了鼎盛时期。

世间什么最宝贵？人才。如果说还有什么比人才更可贵的，那就是懂得尊重人才、善待人才、会用人才的人。他们是更大的人才，可称之为"精英"——国之栋梁也！燕昭王之所以能成功，不仅在于他像对待老师一样尊重人才、尽人之长、使用人才，最主要的是，将他的人才政策坚定不移地贯彻始终。"疑人不用，用人不疑"，当乐毅连下齐七十二城，只剩即墨和莒县久攻不下时，朝中有人进谗言非议乐毅，说乐毅要在齐国称王。燕昭王不仅不听，还对进谗言者予以怒斥和痛打，并说："以乐毅之功，即便真的称王也不过分。"还说："乐毅就是做了齐王，也是一个贤王，也是我所愿意看到的。"这是何等的信任啊！

只可惜天不假寿，昭王英年早逝。惠王不贤，中了齐国反间计，走马换将功亏一篑。包括李白在内的历代文人墨客来到易县，登临黄金台，无不感慨万千。今摘几首，供人们诵读与品味。

燕照王

陈子昂（唐）

南登碣石馆，遥望黄金台。

丘陵尽乔木，昭王安在哉。

霸图怅已矣，驱马复归来。

郭隗

陈子昂（唐）

逢时独为贵，历代岂无才。

隗君亦何幸，遂起黄金台。

古风

李白（唐）

燕昭延郭隗，遂筑黄金台。

剧辛方赵至，邹衍复齐来。

奈何青云士，弃我如尖埃。

珠玉买歌笑，糟糠养贤才。

方知黄鹤举，千里独徘徊。

咏史
柳宗元（唐）

燕有黄金台，远致望诸君。

嗛嗛事强怨，三岁有奇勋。

悠哉辟疆理，东海漫浮云。

宁知世情异，嘉谷坐熇焚。

致令委金石，谁顾蠢蠕群。

风波欸潜构，遗恨意纷纭。

岂不善图后，交私非所闻。

为忠不内顾，晏子亦垂文。

黄金台
胡曾（唐）

北乘羸马到燕然，此地何人复礼贤。

欲问昭王无处所，黄金台上草连天。

燕昭王墓
罗隐（唐）

战国苍茫难重寻，此中踪迹想知音。

强停别骑山花晓，欲吊遗魂野草深。

浮世近来轻骏骨，高台何处有黄金？

思量郭隗平生事，不殉昭王是负心。

望黄金台有感
王恽（元）

乐生与郭隗，拟德非同侪。
九九乃小数，正可训提孩。
乐生复国仇，强齐卷轻埃。
燕昭师郭隗，竟筑黄金台。
我思贤王心，要馨初始怀。
在昭固至德，赞襄诚众才。
卧龙以力食，躬耕易堪哀。
昭列眛三顾，孔明甘草莱。
一语万代誉，正独庞公开。
凤凰巢千仞，一举出九垓。
翱翔览德下，千年能几来。
救时不易得，况复管乐才。
毅然好贤心，无为古所咳。

燕台歌
司马光（宋）

万古苍茫空盛衰，燕台贤客姝名谁。
君看碣石宫中草，宁似昭王拥慧时。

乐毅吟
邵雍（宋）

乐毅事燕时，其心有深旨。
破齐七十城，迎刃不遗失。
岂留即墨莒，却与燕有二。
欲使燕遂王，天下自齐始。

岂意志未申，昭王一旦死。
惠王固不知，使人代其位。
强燕自此衰，何复能振起。
自古君与臣，济会非容易。
重惜千万年，英雄为流涕。

黄金台

刘因（元）

燕山不改色，易水无新声。
谁知数尺台，中有万古情。
区区后世人，犹爱黄金台。
黄金亦何物，能为贤重轻。
德辉照九仞，凤鸟才一鸣。
伊谁腐鼠弃，坐见饥鸢争。
周到日东渐，二老皆西行。
养民以致贤，王业自此成。
黄金与山平，不救兵纵横。
落日下荒台，山水有余清。

金台夕照

胡俨（明）

独上高台斜日红，遥天极目思无穷。
迢迢关塞微茫外，簇簇山河锦绣中。
鸿雁数声催暝色，牛羊几处散秋风。
黄金销尽人何在，青史传来事不空。

金台夕照
金幼孜（明）

迢递高台近日边，偶来登览尚依然。
万家禾黍秋风外，十里旌旗落照前。
远郭砧声来杳杳，平原归骑去翩翩。
黄金漫说能招士，千载犹传郭隗贤。

金台夕照
许鸣鹤（明）

高台迢递带平川，烟景苍茫夕照边。
芳草独留人去后，青山曾见客来年。
筑宫犹说昭王盛，下士先从郭隗贤。
吊古莫劳嗟往事，只令褒鄂满凌烟。

黄金台
方鸥（清）

霸业嗟何在，空余数尺台。
山河终不改，今古共怜才。
月照荒基冷，烟迷碧草衰。
登临无限意，感慨独徘徊。

读史
陈英（清）

慷慨士虽远，残编风尚寒。
功成悲乐毅，国破咎燕丹。
骏骨求金易，人生行路难。
一时谋画左，遗恨海天宽。

第四章　唐明皇御注道德经幢

李金泉、贾延清、蔺友仁

　　易县老子道德经幢位于河北省易县城内乙街龙兴观遗址旁。始建于唐开元26年，即公元738年，距今已有1274年的历史了。上面镌刻着老子《道德经》81章。由唐玄宗李隆基亲自注释，甚为珍贵。故又称御注老子道德经幢。文字由唐代著名书法家苏灵芝书写，已列为全国重点文物保护单位。

老子道德经幢

　　老子姓李，名耳，字伯阳，《史记》载，为楚国苦县（今河南省鹿邑县太清宫镇）人，又名"老聃"。春秋时著名思想家和哲学家，道家学派创始人，世界文化名人。曾任周朝收藏室史官。春秋诸侯争霸，为避战乱，欲隐居。西出函谷关，由楚入秦，被守卫函谷关令伊喜拦下，他让老子留下毕生所悟大道。老子三日写毕《道德经》五千余言，才被允许出关。

老子与孔子为同时期人，年稍长于孔子。史载孔子曾问礼于老子。老子告诉孔子："且君子得其时则驾，不得其时则蓬累而行。吾闻之，良贾深藏若虚，君子盛得，容貌若愚。去子之骄气与多欲，态色与淫志，是皆无益于子之身，吾所以告子若是而己。"

《道德经》是老子思想和哲学的代表作，内涵非常丰富。老子主张"无为"，以"道"解释宇宙万物的演变，认为"道生一，一生二，二生三，三生万物"。"道"乃"夫莫之命（命令）而常自然"，因而"人法地，地法天，天法道，道法自然"。"道"为客观自然规律，同时又"独立不改，周行而不殆"。《道德经》含朴素唯物辩证法观点，如认为一切事物均具有正反两面，"反者道之功"，并能由对立而转化，"正复为奇，善复为妖"，"祸兮福所倚，福兮祸所伏"。又以为世间万物均为"有"与"无"之统一，"有、无相生"，而"无"为基础，"天下万物生于有，有生于无"。"天之道，损有余而补不足，人之道则不然，损不足以奉有余"。"民之轻死，以其上求生之厚"，"民不畏死，奈何以死惧之"。以"百姓心为心"，是他政治思想的核心。他的哲学思想对中国2000多年来思想文化的发展，产生了深远影响。

现通行本《道德经》，多数学者认为在孔子、墨翟之后，可能成书于战国中前期。王弼注本，上篇言道，下篇言德。1973年长沙马王堆汉墓出土的帛书老子甲乙本，上篇为"德篇"，下篇为"道篇"，不分章节。而将其内容分章节以及"道德经"的题名，都是后人所加的。

老子《道德经》是中华传统文化的经典与源头之一，为历代帝王和学者所推崇。为其作注者络绎不绝，达三千余家。到唐朝，因李唐王朝与之同姓，便尊为始祖，并一封再封，"太上玄元皇帝"、"圣祖大道玄元皇帝"、"大圣祖高上大道金阙天皇大帝"，简直无以复加。唐玄宗还亲自作注，并于开元二十一年颁令"念天下应修官斋诸州皆于一大观立石刊勒"，由此，诞生了唐玄宗老子道德经幢。

易县唐玄宗御注老子道德经幢，高一丈八尺，呈八角柱体，八面刻，面宽一尺七寸至一尺八寸不等。前三面分三截，上截刻"太上玄元皇帝道德经，大唐开元神武皇帝注"18个大字。这18个大字，6行，行3字，正书。次截敕文30行，每行7字，末书开元二十年十二月十四日。

经文面11行，行9字，4、5、6、7面皆11行，行119字。其注皆经文一字双行。后一面上截行60字，下截刊各官姓名。

易县老子道德经幢文字由唐代著名书法家苏灵芝书写，苏灵芝是与颜真卿齐名的著名书法家，曾任登仕郎（相当于中央组织部干事），后被调到易州担任隶事。他一生对书法颇有研究。后因与"安史之乱"有牵连，所以在之后的历史著作中，对他的记载很少。

易县唐明皇御注老子道德经幢，历经多次劫难。除逃过"安史之乱"劫难外，近代还有三次。第一次是清同治十二年夏六月，即1873年夏天的一个晚上，正是午夜时分，一场飓风连着暴雨、飞沙走石，将树木连根拔起，房倒屋塌，伤亡惨重，仅易县城内就死伤数百人。道德经幢也被飓风刮倒，摔成三截。这三截包括顶部一部分构件和经幢的两截。原来立碑时，经幢上面是一米高的八角棱碑块和下面三米二九高的碑体。再下面是莲花碑座。当地群众发现道德经幢被风刮倒摔断后，自发组织人把经幢竖立起来。由于一时疏忽，把上面一截和下面一截挪了位置，第一面对着下面的第八面，文字一直错行，造成人们的费解，就这样一直错了120年。直到2002年，易县文物保管所修复道德经幢时，才矫正过来。

第二次是民国十五年（1926年），军阀混战，道德经碑亭被拆毁，大件木料被卖以充军需，零星木材作柴烧火，但对道德经幢碑文没有造成伤害。

第三次是20世纪60年代。在"破四旧，立四新"的大背景下，许多珍贵文物遭到毁灭性的破坏。当时易县武斗四起，各个派别互相争斗，他们经常对着道德经幢练习射击，所以至今经幢仍弹痕累累，成为历史的记忆。

新中国成立后，特别是被列为国宝后，党和政府成立专门机构，责成专人进行保护，并多次拨款维修。由于年代久远，侵蚀严重，文字越来越模糊，有的成片损毁，抢救已迫在眉睫。2011年，由保定市和易县两级政府拨款，保定市后山文化学会具体实施，将碑文重新拓印、校正，查找资料补充完整，目前《唐明皇御注道德经幢》一书已由中央编译出版社出版发行。

第五章 神秘的议纠臼石
——史前民间调解组织标志物

李金泉、贾延清

在易水河北岸的易县高村乡神石庄村,曾有一块被称作"议纠臼石"的神石,它是中国远古时期最早的民间调解组织的标志物。当地曾有民谣颂:

三皇五帝到如今,有人居住便是村。
谁个能让天神降,唯有神石第一庄。

神石庄位于中易水北岸易县城西十多华里处,属高村乡,人口三千多,其中回族约占10%,以农业为主,林果、商业也较为发达,是一个较富裕的村。

该村历史悠久,是个很神奇玄妙的村庄。从没有文字那个时期开始,我们的祖先就曾在此演绎过很多有历史研究价值的故事,如史前的"议纠臼石",就是其中之一。

"议纠臼石"本是一块从天上掉下来的"陨石"。由于是从天上掉下来的,所以古代先民把它称为"神石"。其方圆有十来米左右,很不规则,石头中心有一锅底坑。大约距今6000多年前的母系社会时期,古代先民们把这块石头用作论是非、定正误的"法庭"。那个时期,氏族间一旦有重大矛盾不能解决时,便来此石前请天神帮助解决。具体做法是:从氏族长者中选出五个德高望众的人,每人各持黑白两色的圆石一块,其中四人各站东、西、南、北,然后把手中的两色石（亦称阴阳石）投入神石的锅底坑内。由于石上坑成锅底型，所以投入的黑白两色石会自动聚于坑中间。第五位长者则用他手中的黑白两色石投击四块两色石集聚中心点，使其重新组合，以此验证黑白向阳面的多寡论定是非。此案的原告和被告，以拈阄的方法，各自取全黑和全白的阴阳石一块，以与神石坑中石块向阳占多数的颜色一致为正确，反之为错误。一连三次，最后以三局两胜定输赢。输方要给赢方赔礼道歉并赔付损失。此术在黄帝统一各部落前非常盛行。黄帝同炎帝战于"阪泉之野"，同蚩尤战于"涿鹿之野"，实现中华民族历史上第一次大统一、大融合后，制定了正误标准，并通过调查研究以证据定真伪，后来就不再用此术了。但民间偶或有之，并以奉祀天地鬼神的巫觋、巫女代医为人们祈福、禳灾并兼以占卜而加以流传下来，这就是原始社会的信仰和后来遗存下来的巫术成为宗教的起源。

　　易水曾是古代文明程度最活跃的区域之一。在易县的紫荆关镇的大盘石、西陵镇的白水港、狼牙山镇的棋盘坨上，都曾有"议纠臼石"的存在。不过，由于陨石难寻，人们就用普通巨石代替，锅底坑难自然生成，就人工做臼米坑来代替。

第六章　牡丹始祖

于秀花

牡丹被称为花中之王，其花朵硕大、花姿端丽、色彩鲜艳、气味芬芳，有"国色天香"之誉。洛阳的牡丹尤为天下奇，俗称"天下第一"。每年牡丹盛开时节，阵阵幽香扑鼻。红的灼灼生辉，如火如荼；黄的端庄雅致，瓣瓣清香；蓝的淡雅清秀，华而不俗；绿的晶莹透亮，犹如碧玉；白的素洁无瑕，分外妖娆；黑的、紫的更是色奇惊众，别具一格。但你知道吗，洛阳的牡丹其实是源于易州的。

公元604年，隋炀帝杨广即位，建都洛阳并辟西苑。隋炀帝好奇花异石，并三下江南搜寻奇珍异宝，寻访优质牡丹移植西苑。当时易州种植的木芍药闻名各地。据《郑樵通志》记载："牡丹初无名，依芍药得名，故其初木芍药。"因此，木芍药与牡丹混名。易州刺史将易州的优质牡丹20箱进贡给隋炀帝杨广，深得杨广欢心。据王应麟《海山记》记载："隋炀帝辟二百亩为西苑，召天下进花卉。易州进二十箱牡丹，有玉红、飞来红、袁家红、醉颜红、云红、天外红、先春红、一指黄、一拂黄、延安黄、艳风娇等名贵品种。"易州的牡丹移植到京都的西苑后，经过御花园工匠的精心培植，洛阳的牡丹才成为天下第一。

后来，自1983年开始，洛阳每年4月召开牡丹花盛会。在2006年4月召开的第二十四届牡丹花会会刊上，还刊登了洛阳牡丹的故乡——易州。

第七章　易水砚

贾延清、蔺友仁

易水砚古称易砚，发明于战国时期，由当地独有的紫翠石和玉黛石雕刻而成。汉墓出土的易砚，系玉黛石制作，工艺精湛，已达到相当的水平。

朱德纪念馆收藏
寒石先生题写砚名的君子砚

易县雕刻历史悠久。易县北福地考古发掘出土的陶制雕刻人头假面具和石雕兽头像，经专家测定，距今约8000年。易水是中国雕刻工艺的发祥地之一。易县有一台坛村，因舜帝在附近山上筑坛祭天而得名，该村家家户户、男女老幼皆能制砚，历史久远。

易砚盛行于唐代，以实用为主，四方形、圆形和椭圆形为多。造型以龙、鱼和花鸟虫草为主。易县古为上谷。当时易砚与上谷墨齐名。唐末社会动乱，战争常年不断，易水制墨制砚高手奚鼐、奚鼎、奚超、张遇等人南迁安徽歙县，制作了后来著名的"徽墨"和"歙砚",影响了中国制墨制砚数百年。直到宋、元,徽墨和歙砚一直在全国处于领先地位。《易县地名资料汇编》记载:"台坛为易水砚产地,亦是端砚发祥地。"易砚也是端砚的鼻祖。

易砚砚石产于易水南岸,其色泽亮丽厚重,石质细腻如玉,石面光泽,质刚而柔,柔坚适宜,易于发墨,利笔书写,石质中点缀着碧绿色、淡黄色、乳白色斑点,称为石眼,其形状大小不一,或多或少,颜色各异,这大大增强了易砚的审美性。对此,古人发出了如下的赞叹:

> 南山飘素练,晓望玉嶙峋。
> 遥忆最深处,应名著石人。

易砚雕刻工艺精湛,阴雕、阳雕、浮雕、平雕、立雕、透雕等手法并用,融为一体,并依据石料毛坯的大小、厚度、颜色、形体、纹理等因素,整体构思、因材施艺、巧用俏色、因材造型,以型定格,所雕出的山水、花、鸟、鱼、虫、禽、兽、人物栩栩如生,惟妙惟肖,使人感到静中有动,动中有声,声中有情;所雕巨龙,大气磅礴,喷云吐雾,有凌空腾飞之感。唐李白《咏易砚》诗曰:

> 一方在手转乾坤,
> 清风紫毫洒一樽。
> 醉卧黄龙不知返,
> 举杯当谢易水人。

易砚凭借其悠久的历史、精湛的工艺、高质量的砚石、多彩的造型,与端砚齐名,有"南端北易"之称。

易砚历来是皇家纳贡的贡品。宋代鉴贡家赞易砚:质地坚润而刚,颜色嫩而纯,滑中有涩、涩而不滞笔,涩而易发墨,其色尤艳。明代鉴赏家赞易砚:质之坚润,琢之圆滑,色之光彩,声之清冷,体之厚重,藏之完整,为砚中之首。因

2004年，江泽民主席用易水砚挥笔题词

此，从唐代开始，易砚一直都是贡品。直到清代，康熙皇帝还曾使用和收藏。

到了现代社会，随着电脑的普及与无纸化办公的发展，作为文房四宝之一的易水砚，本以为会变得越来越冷清和衰败，但易砚却迎来了一个大发展时期，呈现出前所未有的蓬勃兴盛之势，使得易砚在全国砚文化中独树一帜。其标志有四：一是易砚已成为易县的一个文化产业，从业人员达数万人。产品不仅畅销全国，而且走出国门，远销其他很多国家。易县也因此被文化部定为"国家文化产业示范基地"。二是易砚成为易县一个名片，知名度很高。易水砚有限公司注册的"易水古砚"商标，已成为国家驰名商标。三是易水砚获得了许多殊荣：1.先后荣获河北省"优质名牌产品"和工艺美术"百花奖"，参加国家举办的"文房四宝"展览会，被列为全国八大名砚之一。2.被许多名人、要人、权威机构收藏，如庆祝香港回归的"归砚"被北京人民大会堂收藏；"菊花牡丹砚"被中国军事博物馆收藏；"松鹤砚"被中国美协主席吴作人收藏；"逢春琴砚"和"五龙图砚"被邓小平收藏等。3.成为国际交流中赠送外国元首的礼品。如赠送日本天皇的"八仙过海"砚、赠韩国总统李明博的"双龙聚宝"砚等。4.以龙文化为标志的巨型砚成为全国之最。

实用，决定了砚的规格应以小巧玲珑、使用方便为准则，而若以观赏和收藏为主，就会使易砚向更大的方向发展。1988年，著名砚石雕刻大师马凤友等人集体创作的长107厘米、宽104厘米、重1.5吨的巨型砚，被称为当时中国砚之最。该砚以中华人民共和国版图为砚身,以五十六条龙象征中华五十六个民族,以九条龙拱托的版面意为华夏神州。根据地理位置,上面雕有长江、黄河和台湾海峡,砚盖上群山峻岭中起伏着万里长城,衬有青松红梅,体现了中华之骨气。国家主席杨尚昆还特别题词"东方巨龙",从此"东方巨龙"砚誉满全国。

1998年,由邹洪利等人设计雕刻的"日月同辉龙凤砚",长10米,宽3米,重达35吨,获得了吉尼斯世界纪录,并摆放到海南三亚市南山寺。一方砚成为一个著名景点,也创下了易砚观赏之最。

中央政治局常委、政协主席贾庆林海南观砚

2007年7月,由邹洪利等人设计制作的"中华九龙巨砚"重达40吨,成为国宝,被摆放在北京中华世纪坛。全国政协副主席孙孚凌出席了揭幕仪式。

易县还创造了许多巨型砚,落户在了全国许多大、中城市。

易砚之所以出现这种大发展的可喜局面,究其原因,是易县制砚艺人适应市场经济发展的需要,对传统易砚文化进行了大胆而深刻的创新。具体表现在:

一是扩展了砚的功能,变传统的实用为主为观赏与收藏为主,把易砚变成文化中的艺术品,使易砚走出了单纯为文人雅士服务的小圈子,转而面向全社会不同阶层、不同人群的需要,甚至面向世界人群,走出了国门。这一变革是非常关键的,其大大扩展了易砚发展的空间。

二是创作内容，突破了传统的以龙、龟、花、草等为主的内容，转而与中华民族丰富的千古文明相结合，并与广大民众不断增长的各种不同需要相结合，使易砚由过去的十几个品种发展到目前的200多个，嫦娥奔月、八仙过海、唐僧取经、哪吒闹海、水漫金山、吉祥如意、龙凤呈祥、松鹤延年、金龟献寿、百鸟朝凤、丹凤朝阳、天女散花、松梅竹兰、五福捧寿、明月下九州、书简、十二生肖……应有尽有，观赏易水砚，犹如漫步在中华文化长廊中一般。

三是雕刻技术空前升华。在发扬易砚传统雕刻技法的同时，易县制砚艺人还广泛吸收雕塑、浮雕、巨雕、玉雕、立雕、镂空等技法的长处，融书法美术之妙，使易砚创作技能得到了空前提高，不仅涌现出一大批省和国家级的"雕刻大师""雕刻大王"，而且其中的邹洪利、马凤友、石克永等人还被联合国科教文组织命名为"民间工艺师"。

第八章 清 西 陵

贾延清、蔺友仁、尚红英

清西陵位于河北省易县城西 15 公里的永宁山下,距北京 120 公里,天津 180 公里,石家庄 200 公里,是国家文物重点保护单位、世界文化遗产。

清西陵是我国最后一个封建王朝——清入关后的皇室陵墓群,埋葬着雍正、嘉庆、道光、光绪 4 个皇帝,9 个皇后,57 个妃嫔,以及王爷、阿哥、公主等共计 76 人。

清西陵始建于 1730 年,被称为"万年龙虎抱,每夜鬼神朝"的风水宝地、上吉之壤。这里山川秀丽,景色怡人。西边是太行山的东麓,云蒙山层峦叠嶂,逶迤起伏。北有永宁山,主峰突起,耸入云端,屏立于陵寝之后,远岩翠岫,气象万千。东有金龙峪等山峦盘旋远去,丘陵地带田连阡陌,春绿秋黄,蜿蜒曲折,水清透底。群峰环抱着的高爽平川中,矗立着千余间殿宇和百余座石建筑,石雕刻、金顶玉柱、碧瓦红墙,掩映在浓郁茂密的苍松翠柏之间。金黄碧绿的殿顶在阳光下闪闪发光。青枝绿叶之间,红墙耀目,亭阁峥嵘,飞檐凌空,石雕肃立,雄奇宏伟,灵气清幽,建筑面积达 50 多万平方米。更有那"荆关紫气,云蒙叠翠,易水寒流,拒马奔涛,峨嵋晚钟,奇峰夕照,华盖烟岚,福山捧日"西陵八景,使游人仿佛置身于神仙般的境地。

（一）全国最大的石碑坊——雍正泰陵石牌坊

雍正泰陵大红门南、五孔桥北，有三座牌坊，一座面南，两座各东西，与北面的大红门相对，形成一个宽敞的"四合院"。

这三座石牌坊大小相等，每座高 12.75 米，面宽 31.85 米，均为 5 间 6 柱 11 楼的形式，全部用青白石料雕成，仿木结构，梁柱卯榫对接系凿打而成，不用铁活。楼顶雕有楼脊、兽吻、瓦垄、勾滴、斗拱、额枋等。六根大石柱下嵌着巨大的夹杆石，宽 1.56 米，高 2 米。整座石牌坊坐落在由两块巨石雕成的须弥座上，须弥座中间凿有石槽，将柱身与夹杆石牢牢地衔接在一起，稳固了石碑坊的基础。

泰陵石牌坊

三座石牌坊的各个部位，雕刻着不同类型的纹饰，每块夹杆石顶上，雕有立体卧兽一个，状似"避邪"，四肢扑地，仰首翘尾，造型极为生动。夹杆石正面是高浮雕的龙、凤、狮、麒麟。形体从背景上凸起很高，突出部分形成透雕，立体感很强。三座石牌坊的 36 幅夹杆石正面，但见玉龙舞动五爪，翻腾于浪海，金凤舒展、双翅翱翔于云天。雄狮戏逐绣球翩翩起舞，麒麟候守梧桐引颈长嘶，使这三坊一门形成的广场显得生机勃勃。梁柱顶端，以浮雕雕成的花草和龙凤，把整个陵区各建筑物的彩画与图案汇总起来，有代表性地刻在牌楼上，并且分别刻成和玺、苏式和旋子花纹三个种类。各个画面布局合理，造型生动，雕技细腻，玲珑剔透。然而在满目绚丽之中，正中一间牌楼坊心却是空白无纹，光滑滑的一块平板，十分引人注目。为何留此空白？无文字记载，可能是让后人对长眠于此的大清帝国的皇帝们作出评价之用。汉武帝登泰山玉皇顶立"无字碑"想是亦然！

清西陵共有七座牌坊，其中五座为石牌坊，两座为木石结构牌坊，其中泰陵石牌坊是最宏伟的。在现存古代陵墓中，泰陵石牌坊也是最大、保护的最完好的。该石牌坊引来了很多电影、电视剧的编导来此拍摄外景。比如《西游记》中唐王送唐僧上路的外景，就是在这里拍摄的。

此外，关于泰陵三座石牌坊，还有一个美丽的传说。据说这三座巨大的石牌坊是从明十三陵偷来的。为此，乾隆年间大学士刘统勋曾在朝上参奏皇帝。刘统勋问：偷棺盗墓是否犯法？乾隆答：当然犯法。再问：帝王有此行为呢？又答：与民同罪。刘闻后凛然发问：既知如此，为何把明十三陵的牌坊偷到泰陵去呢？弄得乾隆皇帝很尴尬，但又没有什么理由将刘斥退问罪，只好顾左右而言他。当然，这只是个传说，并非史实。实际上，泰陵石牌坊的青白石石料取自蓟县樊山，运至西陵后就地雕制的，这在陵寝工科史书上有明文记载。

（二）慕陵——全国最大的金丝楠木殿

隆恩殿是大清皇陵中最核心、最重要的建筑，是专门用于祭祀的场所。清西陵道光慕陵的隆恩殿和左右配殿，除基座外，所有木结构都是用最珍贵的金丝楠木做成的，这也使得其成为全国最大的金丝楠木殿。慕陵的隆恩殿长25.96米，宽25.30米，高18米，非常宏伟壮观。左右配殿各长16.14米，宽10.67米，甚有特色。

　　整个慕陵还是一座木雕艺术的殿堂。三座大殿，一改各帝陵通用的彩绘，而在楠木本色上以蜡涂烫，并用1318条楠木雕龙装饰天花、雀替、隔扇、门窗、整个大殿，堪称龙的世界与海洋。天花板的龙，以香楠为料，用高浮雕的手法，刻成向下俯视的龙头，有的地方则采用凸出平面半尺多高的透雕手法。举目上望，但见龙头济济，张口鼓腮，栩栩如生，加之楠木特有的清馨气味，形成一种万龙聚汇、龙口喷香的精妙绝伦的情景；而粗大的梁柱、檩枋上，又以高浮雕加浅浮雕的手法，刻出了千姿百态的犹如翻腾于波涛大海之内的群龙矫健的景象。据粗略统计，隆恩殿内有大小龙头1160个，可想而知是多么壮观。

　　楠木，是一种极高档的木材。属樟科常绿大乔木，产于亚热带常绿阔叶林区西部，是国家二级保护渐危树种。楠木是我国特有的、驰名中外的珍贵用材树种，其色浅橙黄，纹理淡雅文静，质地温润柔和，无收缩性。遇雨有阵阵幽香，不腐不蛀；埋入地下，千年不烂。我国南方诸省均产，唯四川所产为最好，而金丝楠木又为楠木中的极品。《博物要览》载：楠木有三种，一曰香楠，又名紫楠；二曰金丝楠；三曰水楠。南方者，多香楠，木色微紫而清香，纹美。金丝者出川涧中，木纹有金丝。楠木由于其珍贵，多用于宫廷和古代著名庙宇建筑。北京故宫和京城上乘古建，多为楠木构筑。从明代起，皇家专门设金丝楠置办机构。当时各地官员将进贡金丝楠木当成头等大事。官员进贡金丝楠木，可作为业绩考核和晋升的依据；平民进贡一根金丝楠木即可做官。其珍贵性可想而知。《红楼梦》中秦可卿的楠木棺材，有"一千两银子只怕无处买"的记述。

道光皇帝登基后，于道光元年（1821年）九月二日降旨在东陵界内宝华峪"建立吉地"，于当年十月十八日破土动工，历时7年，至道光七年（1827年）九月二十二日竣工。同时将孝穆皇后梓官奉安地宫。第二年，即道光八年，一日，道光梦见山洪暴发，宝华峪陵区一片汪洋，皇后娘娘披头散发，怀里抱着根木头在大水里挣扎，嘴里直喊"快来救命"！道光醒来，很不是滋味，疑地宫进水，于是亲自前往查看，果见地宫积水，竟逾宝床而上，皇后梓官霉湿之痕约有三寸。墓内积水有一尺六七寸之多，乃不吉利之兆。于是立即全部拆除宝华峪陵区，并于道光十一年（1831年）在清西陵今龙泉峪另建陵寝，于1835年竣工。

道光皇帝一生自翊勤俭节约，慕陵新建时裁撤了圣德神功碑楼、华表、石像生、方城、明楼、二柱门、三柱门等建筑，确实有别于其他清帝陵寝。但其建筑形式、材质结构却独到别致，精美异常，造价惊人。龙泉峪慕陵建筑，共耗银240多万两。比起以建筑壮美、工艺精湛皆居清陵之冠的，耗银203万两的乾隆皇帝的裕陵，还多花了37万两；比起以穷奢极欲、豪华无度著称的，耗银227万两的慈禧太后的定东陵，还多花了13万两。这怎么谈得上"俭约"呢？

（三）中国最大的功德碑——雍正圣德神功碑

易县清西陵雍正帝泰陵的圣德神功碑是目前全国现存的最大功德碑。

泰陵是清朝入关后第三代皇帝雍正的陵墓，也是清西陵中建筑最早、规模最大、体系最完整的一座帝陵。它坐落在永宁山下，整个陵寝分两个部分。前部分是门、坊、亭；后半部分主要是殿宇和地下宫殿。

泰陵雍正圣德神功碑楼始建于乾隆二年（1737年）六月，位于大红门北面。高26.05米，为重檐九脊歇山式黄琉璃瓦盖顶，碑楼内地面有巨石台基，并雕有寿山福海和鱼鳖虾蟹。石基上有巨型石雕狴犴一对，各驮巨石碑一统。碑帽皆伏缠浮雕龙四条，碑额刻有"大清泰陵圣德神功碑"字样，碑身用满汉两种文字

泰陵功德碑

颂扬了雍正的功德。在碑楼外的广场上，四角各有石雕华表一根，高 12 米。华表亦称"恒表"，是古代用以表示王者纳谏或指路的木桩。而设在陵墓前的大柱又名"墓表"，四根墓表顶部各蹲有石雕一尊，名曰望天吼，据说其寓意是"望君出，盼君归"，提醒祭陵的君主及时回朝治理政务。墓表通身浮雕巨龙盘绕向上，加之如意云朵、云板，望去颇为壮观。

　　清世宗爱新觉罗·胤禛（1678－1735），在位 13 年，年号"雍正"。死后葬于清西陵泰陵，庙号世宗。谥号：敬天昌运建中表正文武英明宽仁信毅睿圣大孝至诚宪皇帝。

　　雍正即位时已 45 岁，这时的他不但更了解世情，而且还具有丰富的治国经验。他登基后，勤于政务，立志改革，使康熙去世后留下的皇子之间激烈的党争以及国库空虚、危机四伏的烂摊子得到了有效治理。雍正在位的 13 年，是励精图治、承前启后的 13 年。其功绩有十：第一，雍正勤于政务，生活俭朴。从历史资料看，仅朱批奏折就达 35000 多件，其总字数除以雍正执政 13 年的天数，平均每天 8000 多字呢。即便是用电脑的今天，谁又能在 13 年中每天写 8000 多字呢？更何况还是一个"日理万机"的天子！仅此一点就表明，雍正是中国历史上为数不多的勤政皇帝之一。第二，他有效处理了康熙留给他的最大难题——诸多皇子之间的党争，并巩固了自己的皇位，维护了政局的稳定。三是建立了秘密立储制度，有效避免了因皇位继承而产生的争端。乾隆皇帝能够有效地统治61年，就证明了此制度的成功。四是施行了"耗羡归公"和养廉银的措施，限制和减少了官员的贪赃舞弊、横征暴敛的行为。同时，针对康熙晚年各地钱粮的严重亏空、国库空虚的问题进行了清查，并要求限时归还，情节严重而又改进不力者，予以严惩。这样不仅使朝廷国库得到明显改善，而且为建立廉政的官员队伍奠定了基础。五是始设军机房（后改处），选亲重大臣协办军务，并规定军机大臣只能缮述皇帝命令，而无赞画权，从而使军政大权牢牢掌握在皇帝手里。六是广泛推行了秘密奏折制度。除题本、奏本之外，命督抚、布按等地方大员密折奏事，有效加强了皇帝对地方行政的控制。七是鼓励农耕，重视水利。八是实行"摊丁入亩"制度，取消儒户、宦户，限制神衿特权，使经济制度变得更加合理。九是注重同少数民族的关系，大规模推行了改土归流政策，取消了云南、贵州、广西、湖南、四川省的一些土司，从而加强了中央对该地区的统治。十是实施了较好的外交政策，特别是较好地处理了同沙俄的关系，维护了国家主权。

　　这些政策和改革的实施，使清朝很快从康熙晚年危机四伏的状态中恢复和发展起来，为"康乾盛世"承前启后奠定了坚实基础。雍正留给乾隆的是一个充裕的国库、廉政的官员队伍和清明的吏治环境。可以说，没有雍正的历史贡献，就没有乾隆时代的辉煌历史。雍正驾崩后，乾隆皇帝为雍正墓修建如此大规模的功德碑就不难理解了。

　　雍正帝陵的功德碑建设，还有一个原因，即清朝祖制中有一条规定：没有丢失国土等丧权辱国行为的皇帝可以在陵墓的神道上建功德碑。清西陵雍正的泰陵、嘉庆的昌陵都建有功德碑，而道光的慕陵和光绪的崇陵因割让香港、火烧圆明园、签订不平等条约等丧权辱国行为，均未建功德碑。

（四）奇异的昌西陵回音壁

在我国现存的古建筑群中，有两处古建筑有回音壁和回音石：一处是北京天坛；另一处就是易县清西陵的昌西陵。

昌西陵回音壁

昌西陵建在昌陵（嘉庆墓）西南1.5公里，建于1851年（咸丰元年）－1853年（咸丰三年），是清朝入关后第五代皇帝爱新觉罗·颙琰（即嘉庆）的第二任皇后——孝和睿皇后的陵墓。

昌西陵既不像孝圣宪皇后（乾隆生母）的泰东陵那样宏伟富丽，也不如慈禧皇太后的定东陵那样豪华奢侈，它近似于道光皇帝的慕陵那种典雅风格。隆恩门以内的建筑，从前到后，一座高于一座，陵寝围墙前方后圆，表示"天圆地方"。

在宝顶月台前面、神道上的第七块石板是块回音石，站在上面说话，无论声音大小，都可以听到洪亮的回音。环绕宝顶的罗锅墙是回音壁，如果两个人分别站在东、西两端，面壁低声细语，声音像打电话一样清晰，令人赞叹叫绝。

昌西陵回音石

昌西陵回音石与回音壁的构成，是清代建筑学家把声学原理用于陵寝建筑的新创造。罗锅墙为半圆形，声波的波长小于围墙半径，声波以束状沿墙面连续反射前进，站在围墙两端的人便能听到对方的声音。回音效果甚佳，可与天坛回音相媲美。

（五）中国人自己设计修建的第一条铁路——高易铁路

高碑店至清西陵行宫所在的梁格庄曾有一条皇家谒陵的铁路专用线。它是我国自己设计、建造的第一条铁路，也就是高易铁路。

光绪二十八年（1902年）三月六日，慈禧太后和光绪皇帝拜谒完清东陵后，决定于次年三月九日拜谒清西陵。有一天，骄奢淫逸的慈禧太后忽然心血来潮，觉得坐轿子、坐马车坐腻了，要换换花样，善于阿谀奉迎的袁世凯立刻奏议，鉴于芦汉铁路（芦沟桥到汉口）北段完工，可由高碑店至西陵行宫修一条铁路，作为两宫谒陵的专用线。这个奏议当即得到慈禧太后的恩准，并下令6个月内完工，不得拖误时间。

高易铁路桥墩遗址

此工程由直隶总督、北洋大臣袁世凯亲自操办。中国铁路专家詹天佑为总工程师。该铁路全长 46.427 公里，其中本线 42.737 公里，站侧线长 3.69 公里。由东向西，共有高碑店、涞水、易州、梁格庄 4 个车站。其中高碑店至涞水 13.5 公里，涞水至易县 32.927 公里。全线计有桥梁 37 处，其中钢板桥梁 24 座，扣轨桥梁 6 座，木桥 5 座，木行桥 21 座。曲线共 23 处，其中最小曲线半径 304.8 米，共占地 1350.562 亩，房屋面积 632.28 平方米。线路最大坡度 9.9‰。钢轨规格为每米重 34.7 公斤。每根长 8.23 米，另一种规格为每米重 29.8 公斤。每根长 9.144 米，两种规格各占一半。枕木规格 2.4 米×0.23 米×0.15 米，轨长 8.23 米，用枕木 10 根。轨长 9.144 米，用枕木 12 根，道床采用卵石混沙，厚 15–20 厘米，整个工程共耗银 60 万两。4 个月完工。

詹天佑是中国第一代铁路工程专家。他不仅技术高超，而且有很强的创新能力和组织能力。修建高易铁路时面临三大困难：一是季节不利。工程开工时，已是 11 月，整个施工期全处于冬季，天寒地冻。二是建筑材料缺乏。因事发突然，工期又短，事先没有任何准备和备料时间，所以只能边施工，边备料，而且运输也比较困难。三是工期紧迫。慈禧只给半年时间，再加上英法得到消息后，依靠自身优势干涉工程，对取得自建权造成了很大干扰，结果又耽误了两个月的宝贵时光，这使得本来就很紧迫的工期雪上加霜。面对如此困难，詹天佑知难而进，勇于开拓，他从当时的国力出发，打破外国人"路基修成后要沉淀一年铺轨"的常规，组织各工种联合大会战，日夜不停地进行施工。他自己也以身作则，经常一天工作十四五个小时，最后只用了4个月就完工了。

铁路建成后，袁世凯于亲自验收并上奏。慈禧非常高兴，对袁世凯大加赞扬，从此对他更加信任；对于詹于佑，她还把自己珍藏的"法钟"赐给了他，以示奖赏。

高易铁路开始的时候是专供慈禧谒陵所用，而隆裕皇后死后，其棺椁也是用火车从这条铁路上运至西陵的。清亡后，这条铁路又变成了豪绅富户游览的交通线。

1927年，高易铁路被军阀破坏，1931年12月28日修复通车，使用的小机车为比利时制造。"七七"事变后，易县至梁格庄一段线路被拆除，高碑店至易县改铺每米重10公斤的小铁轨，并于1938年2月11日正式通车。1945年，为调补其它铁路干线物资之不足，高易线又被拆除。

解放后，在党和政府的领导和关怀下，高易铁路被修复并于1958年正式通车。1994年改为大铁路与铁路干线接轨，这为促进当地经济发展和社会进步作出了贡献。

第九章　古都遗址——燕下都

张洪印

燕下都遗址位于河北省易县县城东南十五华里处，呈不规则长方形，东西长约8公里，南北宽约4—6公里，总面积约为40平方公里。这在已发现的战国都城遗址中是规模最大的、保存得很完整遗址。此遗址的发现对于研究燕国历史具有重要的意义。

燕下都古城位置选择非常科学：城西南至西北，三面被太行山环抱，东侧为广阔的华北大平原，有一种居高临下、高屋建瓴的气势。南有二道易水（中易水的武水和南易水的雹水）做天然屏障，与赵国接壤，北有濡水（即北易水），西北40公里有紫荆关，西南15公里有下关（今名送荆陉），既便于防守，又便于北连蓟都，南联中原，南接齐赵，适于应对敌人，是极其重要的咽喉重地，也是燕国南界的重要门户，有燕南赵北之称。

燕下都故城中部建有纵贯南北的一条古河道，俗名铜帮铁底运粮河，将城分为东西两部分。东城是当时的政治、经济、文化中心，建成时间较早，西城是后来为加强东城的安全而建设的防御性郭城。

东城中部偏北处有一道东西横贯的隔墙，宽约20米，将东城分为南北两部分。隔墙北部又有一条人工开凿的古河道，将重要的宫殿区与其它手工业作坊区分开，形成城中之城。

宫殿区东城址东北，又细分为大型主体建筑和宫殿建筑组群两种。大型主体建筑有夯土建筑"武阳台"，在它之北是"望景台"、"张公台"、"老姆台"等，这些大型建筑，都分布在一条南北中轴线上。中轴线式的建筑格局，是燕国在城市建设中的重大发明，直至明清时期一直都被应用。

武阳台是宫殿区中心的主体建筑，是燕王处理政务的场所，分上下两层，下层高8.6米，上层高2.4米，设有先进的排水设施。

张公台即黄金台，是燕昭王招贤纳士之所。

老姆台是当时招待各国使节的驿馆。据考古发现，老姆台在殷时期就已经有了高大建筑，至春秋战国时期，成为了燕国的重要场所。

整个建筑组群，不仅围绕着中心建筑武阳台而分布四周，且均在一条中轴线上，排列有序，高低错落，布局合理。更为突出的是，整个建筑不仅规模宏伟壮观，而且建筑风格也很独特。特别是宫殿的装饰，利用屋顶形式与瓦件结合并着色的装饰艺术，形成了政治思想和建筑艺术融为一体的突出效果，这在春秋战国时期可以说是独树一帜的。

燕下都古城充分利用自然水源，将供水排水设施安排得相当合理，所以其在春秋战国时期的列国都城中，供水排水设施是比较先进和完备的。城池南北有中易水、北易水，在西城墙外建有护城壕，西城东城之间有古运粮河。从运粮河向东又引出两条人工河道，供应东城用水。全城河网交织，旱路水路交错，交通非常方便。

燕下都古城城墙，全长约40公里，有4处城门，宽厚高大。这些夯土城墙，历经2000多年的人为与自然的破坏，仍高出地面6—7米，且夯层清楚，土质坚硬，所以参观者络绎不绝，大家都被古人高超的建筑艺术而折服。

对于燕下都的营建年代，专家有三种说法：一种认为创建于燕成侯（公元前449—434年）时期，燕昭王为应付南方局势，才大力扩建。持这种说法的是早年参加燕下都调查考古发掘的傅振伦先生；一种认为燕下都作为都城应是在燕恒公（公元前697—691年）时期，而到了燕襄公（公元前657—618年）时期，又迁至蓟，之后燕文公再迁至易，至燕王喜时期，燕下都一直是燕国的首都，蓟此时为燕国的陪都。研究员石永士主张此说法；第三种认为，燕下都是燕昭王营建、太子丹扩建的，北魏丽道元的《水经注》持此种说法。

但不管哪种说法，燕下都遗址的发现都是非常有意义的，它的保护与发掘，得到了考古专家以及政府部门的重视。

其实，解放前，燕下都就引起了国内学者的关注，这主要是因为在燕下都出土了很多重要文物。如"文侯四器"、"战国铜龙"等，这些文物流传到国外的时候曾引起国际轰动。同时也成为文物盗贼的重点关注对象，例如美国的文物间谍毕士博就曾花重金收买了易县的绅士企图盗掘燕下都，后因为当地群众的坚决反对使其未能得逞。1930年春，以我国现代考古学家、北京大学教授马衡为团长的燕下都考古团，从4月27日至5月底，用一个多月时间，对燕下都老姆台进行了小规模发掘，共出土文物201袋又加36箱。1949年，新中国还没诞生，战争还在继续，有关部门就将燕下都考古发掘的文物428件，还有原察哈尔省收集的637件，移交给中国历史博物馆。1950年，中国历史博物馆在故宫设"燕下都文物陈列室"，这是燕下都出土文物在新中国成立后的第一次展出。1955年，易县人民委员会（55）文林字第一号公告，号召做好燕下都古城的保护工作。1956年3—6月，易县人民委员会曾三次发出公告、通知，要求对燕下都文物进行普查和保护。1957年2月，文化部、河北省文化局和易县人民政府在武阳台召开了燕下都古城内29个村、4000多人参加的"燕下都遗址保护模范单位和积极分子奖励大会"。同年，文化部陈兹德、谢元路、刘启益等人，用三天时间对燕下都古城进行了调查。

1957年冬—1958年春，河北省文物管理委员会对燕下都遗址进行了调查，并对西城古城墙进行了发掘。

1958年1月，文化部的一个工作组用5个月的时间对燕下都进行了调查和钻探。

1961年3月4日，燕下都遗址被国务院公布为全国重点文物保护单位。

1961年7月—1962年底，河北省文物工作队对燕下都遗址进行了全面勘察和小规模发掘，从而完成了对燕下都遗址保护范围的划定。同时还树立了保护标志，建立了保护组织和资料档案。

1964年文化部在易县召开了"大型遗址工作座谈会"，推广了燕下都文物保护的经验。

1964年4月—1982年,河北省文物工作队在燕下都设工作站。

1977年,燕下都文物管理所成立。

这样,在各级领导的重视和广大群众的热情参与下,燕下都——这个近3000年的古城遗址受到了充分保护,也成为全国保护得比较完整的遗址。

第十章　畿南第一雄关——紫荆关

贾晓东

紫荆关位于易县城西45公里的紫荆岭上，始建于战国时期。历代王朝多有修葺更名，燕秦为上古关，汉为蒲阴陉，北魏为子庄关，宋辽为金陂关和五阮关。金元以来为紫荆关。

紫荆关异常雄伟奇特：建于海拔1080米的峰峦叠嶂之间，北边为拒马河，浪高水急；城南为黄土岭，背千山万壑；城东为万仞山，千岭耸立；西边为犀牛山，与盘石口相接。城池布局独特，据峰顶至山谷，顺势而建，城中有城，城城相连，自成体系，能攻能守：既能各自为战，又相互支援，密切配合。九城九门，全长约10516.5米。从空中瞭望，犹如崇山峻岭中盛开的莲花。

紫荆关汉时为土石夯筑，后历代加以扩建，到明洪武初年，改用石条做基础，以砖砌面封顶，并用石灰碎石灌注。独特的地理位置、独特的建造形式、宏大的建筑规模，确有"一夫当关、万夫莫开"的气势。《畿辅通志》载："控扼西山之险，为燕京上游路，通宣府、大同。山谷崎岖，易于戍守。"有"畿南第一雄关之称"。

紫荆关处于倒马关和居庸关中间，为"内三关"之首。数百公里的长城将其结为一体，战略地位十分重要，历来为兵家必争之地。燕大将秦开，征东胡、破上谷、收渔阳，横扫辽东辽西；东汉建武二十一年（公元45年），乌桓进犯，汉将马援出关掩击，歼灭之；宋嘉定二年（公元1209年），蒙古攻打居庸关，因金兵凭险据守，久攻不下，于是，元太祖成吉思汗抽出兵力，一举攻克紫荆关，于五回岭打败金兵，占领了涿易二州，又从南口反攻居庸关而取之；明英宗正统十四年（公元1449年），瓦剌、也先进犯，并密派一支精锐军队成功突袭紫荆关，于是从京南截断了北京与外部的联系，致使御驾亲征的明英宗至土木堡（今怀来县土木乡）时全军覆没而被俘；清康熙皇帝对紫荆关也十分重视，他曾先后三次巡视。第一次夜至紫荆关，叫门不开，只好在瑟瑟秋风中熬过一夜。次日进关，为奖励守关将士，提笔激书"天子阅武"几个大字，命鸠工雕刻，立于山腰。紫荆关内曾有很多有名的石刻，大多是守关将军书写铭刻的，十分珍贵，可惜现在都已被毁掉。

第十一章 易水宝塔

许小娜

《简明文化知识辞典》载:"塔,古代佛塔的简称,俗称宝塔。起源于印度,是一种佛教建筑艺术,用于收藏佛祖释迦牟尼'舍利'(指佛骨、佛发、佛牙等)的。后来,寺院高僧死后也有建塔埋骨的,现在大寺院附近出现塔林(易县固村庄就曾有一个很大的塔林)。早期建塔以木为主,后发展成石塔、砖塔、铜塔、铁塔等。"

易县佛教历史悠久,佛庙众多。据担任县文化局局长18年的李金泉先生考察,易县有佛庙遗址300多处(含已划归满城县的岭西区)。《保定地区佛教文化史》上载,易县有佛教遗址120多处,遍布全县各处。其中很多寺内都建有塔。

受佛教文化影响,人们还建塔纪念古代义士或英雄豪杰。如圣塔院塔是纪念古义士荆轲的;血山镇灵塔是纪念燕国樊於期的;黑塔和白塔是纪念战国时期才子羊角哀和左伯桃的;狼牙山纪念塔是纪念抗日英雄五勇士的。这些纪念塔中,有的也与佛教文化融为一体。后山和云蒙山还有用384块石头叠成的石塔,称"擎天柱",这是为了纪念炎黄联合、同心同德、撑起中华民族开基伟业而建的。

千佛宝塔

佛塔和纪念塔遍布易县的山山水水，也成为易县的一大奇观。易县县城也因荆轲塔（即圣塔院塔）、白塔、黑塔、血山塔和燕子塔这五座塔，而有了五塔镇燕山的说法。

但由于年代久远、战乱破坏、历史变迁等因素，很多寺庙都遭到了破坏，宝塔被毁，有的甚至连遗址都不存在了。据统计，建国初期，全县各种宝塔只存 30 多座。这些塔因常年受到风雨侵蚀，多数已自然倒塌。县城西南半山坡为纪念羊角哀的黑塔就是在 1996 年因大雨山体滑坡而自然倒塌的。目前，全县仅剩各种宝塔 9 座，它们分别是：云蒙双塔、荆轲塔、白塔、血山镇灵塔、燕子塔、龙泉大历寺塔、狼牙山五勇士塔、后山擎天柱。

血山镇灵塔

第十二章　天下第一石

——151花岗岩与天然石板

贾延清

易县石材资源十分丰富，除普通石材外，还有用于装饰的天然石板，用于高速公路建设的玄武岩，用于灰水泥、白水泥生产的石灰石，以及各种各样的文化石（假山石、易水砚石）等。其中天然石板和花岗岩最为丰富。花岗岩有1136、1137（俗称中国黑）、大三花、小三花、芝麻黑、芝麻白、风云景、黑白花、梅花绿等不同种类。其中的粉红色花岗岩151储量最大，用途最广，质量最好，而且具有坚硬、抗压、耐磨、耐腐蚀、美观大方、色彩鲜艳等特点，被广泛用于大型公共建筑。1999年，中华人民共和国五十周年大庆时，对天安门广场进行改造，用的就是易县的151花岗岩。北京颐和园整修、河北省政府办公大楼楼前楼后装修也都是采用的这种花岗岩。

天然石板，地质学称为"页岩"。因其美观、大方、坚硬抗压、耐磨、耐腐蚀、环保、放射性元素含量极低等优点，被广泛应用于公共建筑、别墅、庭院、园林建设。这种材料使得建筑看上去既高贵典雅，又返璞归真，具有回归自然的独特效果，是现代装饰的时尚材料。2008北京奥运会体育馆"鸟巢"地面项目——10万平米天然石板，用的就是易县龙山石材的产品。所以人们称天然石板为"天下第一石"。目前，易县天然石板产值已达20个亿，出口量占全国出口量的71%以上。"买板石到中国，找易县"已成为国际客商的共识。而天然石板也成为了易县名符其实的小行业巨人。

易县民众使用天然石板已有约2000年的历史，主要将其用于四个方面：一是作屋顶瓦，用于防漏；二是用于庭院或乡间小路铺地；三是用于缸、罐等器皿的盖板等；四是贫困家庭孩子上学之用，办法是用软石加工成的"石笔"在石板上写字（不用纸笔），这样可以省钱。

2003年起，为将石板业做大做强，易县政府着手建设了天然石板工业园区。现已初具规模，易县天然石板的生产能力、生产品种也因此有了长足发展，并率先通过ISO9001、2000国际质量管理体系认证，产品达到了1000多种。最近，政府又在规格板、蘑菇石、瓦板、网贴、文化石、马赛克、腰线、卵石、花岗岩的基础上，开发出易县新特产——美泉石，荣获了25项国家专利。目前，易县天然石板已出口到美国、德国、意大利、加拿大、日本等50多个国家和地区，国内销量与日俱增。

第三篇　人文易县

第一章　舜帝老师许由

周长富

历史上尧帝首推许由为接班人，许由婉言谢绝，并推荐辅佐了舜帝，所以许由是一位了不起的伯乐和政治家。那么，许由是哪里人？又是何许人也？本人经过多年考证认为：许由不是虚构而是真实的历史人物，他既非所谓的"伯夷"，也非"皋陶"，更不是"隐士"，而是尧舜时期一位杰出的部落领袖。他辅佐虞舜成为继尧之后华夏族的部落联盟大酋长，并为华夏文明和社会的进步做出了重要贡献。同时本人还考证了许由部的地望，他生于易水，居于清苑阳城，繁衍于唐河中游，迁徙于行唐、箕山、颖水一带。

许由是尧舜时期的著名人物，"尧让天下于许由而不受"的故事让他誉满天下。

（一）许由确有其人

关于许由，先秦书籍谈得最多的是《庄子》，共八条。其中《逍遥游》云："尧让天下于许由……许由曰：庖人虽不治庖，尸祝不越樽俎而代之矣！"因为《庄子》所言多为寓言，以致后人认为许由史无其人。司马迁也有点怀疑，《史记·伯夷列传》云："夫学者载籍极博，尤考信于六艺。《诗》、《书》虽缺，然虞、夏之文可知也。尧将逊位，让于虞舜，舜、禹之间，岳牧咸荐，乃试之于位，典职数十年，功用既兴，然后授政。示天下重器，王者大统，传天下若斯之难也。而说者曰：'尧让天下于许由，许由不受，耻之逃隐。及夏之时，有卞随、务光者。'此何以称焉？太史公曰：余登箕山，其上盖有许由冢云。孔子序列古之仁圣贤人，如吴太伯、伯夷之论详矣。余以所闻，由、光义至高，其文辞不少概见，何哉？"由上文可知司马迁看到了虞夏之文，又考证了六艺，认为尧舜时的禅让制关乎"天下重器，王者大统"，是个非常严肃而又有严格程序的制度。需要部落会议民主推荐，又要经过长期考察考验，"功用既兴"，才能授政。而不是由大酋长随随便便地说让给谁就让给谁。这是引起司马迁怀疑尧让天下于许由的原因之一。正因为如此，苏轼也说："士有以箪食豆羹见于色者。自吾观之，亦不信也。"（苏轼《东坡志林·尧舜之事》）司马迁怀疑尧让天下于许由的第二个原因是，孔子序列古之仁圣贤人很详细，但没有许由，因此司马迁也就未给许由立传。这也使得汉扬雄说尧让天下于许由是"夸大者为之"。晋人张华在《博物志》中也说"司马迁云：'无尧以天下让许由事'"。

其实，怀疑和否定许由真有其人的理由是不充分的。诚然，《庄子》的艺术特点最主要的是寓言，司马迁就曾说过："其著述十余万言，大抵率寓言也。"但在庄子所描写的语言中，有许多在历史上是有名有姓的真实人物，如孔子、盗跖、老聃、列御寇、宋元君、魏惠王、公孙龙、子产等，所以不能因为他们出现在寓言中就否定其历史的存在。

其次，尧让天下于许由而不受之事，在先秦时期流传非常广泛，先秦诸子文献中多有记载：《墨子》两条，《庄子》八条，《荀子》一条，《韩非子》四条。正如司马迁所说"其文辞不少概见"的记述。特别是《墨子》，其成书要比《庄子》早100多年。《墨子·所染》云："舜染于许由伯阳，禹染于皋陶伯益，汤染于伊尹仲虺，武王染于太公周公。"伯阳，郑玄注为伯夷（《古史辨》第七册上编第346页）。上列各人均不被否疑，单单否定许由是说不过去的。

第三，司马迁虽没有为许由立传，但其内心是矛盾的，这一点从《史记·伯夷列传》中可以看得清楚。他自己说"余以所闻由光义至高"，他登上箕山又听说山上有许由冢，还看到关于许由"其文辞不少概见"的记述。但同时他又遗憾孔子序列古仁圣贤人时没有许由，于是不由得发出疑问"何哉"？正是在这种心境下，他在《史记·伯夷列传》的开头就写了许由，这实际上是弥补了没给许由立传的缺憾。

综合早期历史文献关于许由的记载，可知许由是尧舜时期著名的部落领袖。他治理的部落政通人和，兴旺昌达；同时他又善于审时度势，纵横捭阖，开创新局，是一位受到社会各界尊重的英雄人物。关于这些，将在后面逐步谈到。

（二）许由既非伯夷亦非皋陶

"许由既非伯夷亦非皋陶"，这话的缘起是因为清人宋翔凤、近人钱穆和杨宽等先生认为许由即伯夷。他们的根据是"伯夷即太岳四岳"，四岳有不受尧让国事，许由亦有不受尧让国事，而许又为太岳之后，"由""夷"又音近，所以许由即伯夷。(参看《古史地理编丛》，钱穆，生活·读书·新知三联书店，2005年，第11页。《中国上古史导论》，杨宽，第十三篇，《古史辨》第七册)

许由即伯夷的观点是不能成立的。《史记·伯夷列传》说的是商周之际因不食周粟而饿死在首阳山的孤竹国王之子伯夷的故事。此伯夷显然与尧舜之时的许由扯不上，二人当差千年之多。顾颉刚先生认为商周之伯夷即唐虞之伯夷，"并非二人"(《古史辨》，吕思勉、童书业，第七册上编，第346页)。但无论二人相同点有多少，都扯不到许由身上。唐虞时的伯夷在《尚书·吕刑》一书中将其和禹、稷合称为"三后"。《国语·郑语》云："姜，伯夷之后也。"《国语·周语》云：伯夷"祚四岳国，命以侯伯，赐姓曰姜，氏曰有吕"。据罗萍考证，"伯夷之子为四岳"(《路史·后纪四·炎帝下》)。四岳即太岳，原为炎帝神农氏的后裔，后来形成了四支或多支部落，故称四岳。其崇拜山岳之神，认为高山可以通天神。伯夷为西戎姜氏之宗神，在尧舜时负责主持山岳的祭祀。孔子修《尚书·吕刑》时，说有苗氏制五虐之刑乱天下时，伯夷"降典，折（哲）民惟刑"，"有功于民"。如果《尚书·吕刑》中伯夷指的是许由，司马迁何必还疑问孔子序列仁圣贤人时不谈及许由呢？另外《墨子·尚贤》中谈到伯夷时多借用《尚书·吕刑》的原话，与其他篇中谈到的许由毫不相同，这说明《墨子》也不认为许由是伯夷。

关于许由即皋陶之说，杨宽先生在《中国上古史导论》中作了专题论述

《许由与皋陶》。他先引述章太炎的论点,然后又作了发挥。其根据是:(1)《史记·夏本纪》说"封皋陶之后于英、六或在许","古者多以后嗣封邑逆称其先人",因而咎由曰许由,而咎由正是皋陶,所以皋陶即许由。(2)许冢在箕山,《夏本纪》云"益让帝禹之子而避居箕山之阳",益是皋陶之子,益避居箕山是为许由"誓守父冢",所以皋陶就是许由。(3)杨宽认为"章说甚是",接着从音韵学论证"许古读如虎","虎古通作皋","陶由古亦相通",可知"皋陶许由为一神也"。但杨宽先生的这一论证,似有"大胆假设"之嫌,与事实相悖。因为:

1.《墨子·所染》云:"舜染于许由伯阳,禹染于皋陶伯益。"显然《墨子》不认为许由、皋陶是一人。

2. 从逻辑上说尧让许由在先,让舜在后。禹授政于皋陶,皋陶应比禹更年轻些,但不幸皋陶过早地去世了。从尧让许由到禹授政于皋陶,这中间应该隔了一定的时间,所以许由与皋陶绝不是一代人。

3. 孔子修《尚书》时,该书中的《大禹谟》《皋陶谟》记录了很多皋陶的言行,这些虞夏之文孔子肯定看到过,如果皋陶即许由,那么孔子在序列古仁圣贤人时怎么会丢掉许由呢?很明显孔子是不承认皋陶即许由的。

(三)许由不是隐士

关于许由是隐士的说法,先秦文献无证。虽然《韩非子·说林下》云:"尧以天下让许由,许由逃之。"但这里仅是说他"逃",并没有说其"隐"。说许由是隐士是汉以后才出现的。如晋皇甫谧《高士传》云:"许由,字仲武,阳城槐里人也。为人据义履方,邪席不坐,邪膳不食。后隐于沛泽中。"《庄子》其疏曰:"许由,隐士也。姓许,名由,字仲武,颍川阳城人也。隐于箕山。"

关于许由为隐士之说全是汉、晋人的附会。事实上,在尧舜时代,还不具备如后世隐士那样的经济和社会条件,当时的人不大可能脱离氏族群体个人去过隐居生活。

如果认真研究《庄子·逍遥游》中尧与许由的对话,就可以清楚地看出许由根本不是隐士。该文云:"尧让天下于许由,曰:'日月出矣,而爝火不息;其于光也,不亦难乎?时雨降矣,而犹浸灌;其于泽也,不亦劳乎?夫子立而天下治,而我犹尸之;吾自视缺然,请致天下。'"这里尧把许由比作日月、时雨,从而肯定了许由在部落治理方面的成就,甚至认为其比自己治理的还要好得多,所以才生出让贤给许由的念头。这怎么能说许由是隐士呢?

另外《墨子·所染》云:"舜染于许由。"《庄子·天地》云:"尧拜许由为师。"说明许由不仅是著名的部落首领,而且还起着"帝师"一样的作用。至于《庄子》的《大宗师》《徐无鬼》《盗跖》《让王》等篇中把许由描写成崇尚自然无为、不为外物所累的消极避世的人物,是与《庄子》宣扬不慕富贵、嘲讽权势、绝圣弃智的哲学主张有关,而不是许由的本来面目。

也许有人会问,既然许由是一位很有作为的部落领袖,那为什么尧让天下而许由不受呢?其原因并不是《列子·杨朱》等所谓的"尧伪以天下让许由",也不是人们所认为的由于许由"消极无为而避害保身"才拒绝的,而是许由以自身的政治经验作出的合理决策。

在公元前3000年前后,在黄河流域中游分布着仰韶文化,下游是大汶口文化,上游是马家窑文化,东北部是红山文化。长江流域中游则存在着晚期的大溪文化和屈家岭文化,下游为松泽文化。大量考古资料表明,这一时期上述各地的文化都不是在自我封闭的情况下发展的,而是互相影响、交相辉映的,于是文明社会的因素就出现了。从黄帝开始的"五帝时代",便形成了大范围的部落联合,这也标志着西戎、东夷、苗蛮、百越等族开始融合成华夏族。这一时期,大部落联盟的领袖实行禅让制。"禅让制度是普遍见于初民社会以至整个五帝时代的一种制度。"(《中国古代文明与国家形态研究》,李学勤,云南人民出版社,1997年,第214页)《荀子·正论》中称"夫曰尧舜禅让,是虚言也,是浅者之传,陋者之说"是不符合历史事实的。禅让制是在氏族习惯法的基础上有着严格制度规范的传贤制度:一是继承人可以由部落联盟的大酋长提出,但必须经过部落联盟议事会民主通过;二是领袖人物一般在已故首领的氏族或家族中产生。这在母系氏族社会就存在的。美国民族学家摩尔根在其著作《古代社会》中曾介绍说在保存母系制的易洛魁人中,成年男女有选举或罢免氏族首领的权力。"选出的人通常是已故首领的亲兄弟或其姊妹的儿子"[《古代社会》摩尔根(杨东范等译),商务印书局1972年,第72页]。台湾港口阿眉斯人前不久还保留着母系氏族的形态。其五个氏族组成一个部落,部落首领必须从领导氏族中产生,部落首领同时也是部落祭司。这些资料都表明,孔子所谓"内举不避亲"在远古已有之。三是举行宗教仪式,来作为继任者的就职典礼。其情景就如《论语·尧曰》的记述:"尧曰:'咨!尔舜!天之历数在尔躬,允执其中。四海困穷,天禄永终。'舜亦命禹。"

作为"帝师"的许由,面对尧的让贤,其必然会考虑是否已经过议事会的民主通过,而且还要举行必要的仪式。更重要的是,他并非黄帝家族,而是与舜同为东夷族人。据《史记·五帝本纪》记载,舜是黄帝九世孙。但郑玄认为舜不出高阳颛顼之裔,罗泌亦谓舜在"五帝之中,独不出于黄帝"(罗泌:《路史·后妃十一疏仡纪·有虞氏》),后又专文《论舜不出黄帝》(《路史·发挥五》)。清人崔述在《唐虞考信录》中也认为舜出于黄帝是错误的,而是属于东夷族。何光岳在《东夷源流史》中把虞舜列为东夷的一支大族。刘向《新序·杂事第五》云:"帝舜学于许由",无疑许由也应属于东夷族人。如果由东夷人的许由取代尧而"登帝位",则与釜山合符以来几代领袖同出于黄帝家族相抵牾,导致局面复杂化。本来在尧的部落联盟内部,特别是尧的本族之内,觊觎"帝位"者大有人在,《尚书·舜典》当中所说的共工、驩兜、三苗、鲧都在跃跃欲试。这样的境况,心中有数的许由当然不愿趟这趟浑水。

当然,许由毕竟是政治上的斫轮老手。作为东夷族的政治代表,他并没有放弃机会,更没有消极等待。在尧因年老不得不考虑接班人且不信任其子丹朱和共工、鲧等人的情况下,许由围绕接班人的根本问题采取了下面几项措施:

1. 许由看到虞舜是东夷的大族,其支族繁衍,势力强盛,而且舜又孝名远扬,受到社会的广泛好评,因此对舜给予了全面培养。这就是《墨子》中所说的"舜染于许由",以及《新序》中所谓的"帝舜学于许由"。

许由利用与尧的关系,介绍舜入赘成为尧的女婿,这样舜便由东夷而入黄帝家族。这在当时刚刚脱离母系社会进入父系社会,且仍保留着双系制的祖宗崇拜制度的时代，许由的这一举动为舜代尧扫清了种族上的障碍。

2. 许由利用自己的社会关系和影响，帮助舜广泛团结各方面的精英人士，以扩大舜的势力。如举任高阳氏的八恺垂、益、禹、皋陶和高辛氏的八元稷、契、朱虎、熊罴等人。八恺、八元在尧时未能受到重用。此外，还广交"雄陶、方回、续牙、伯阳、东不识、秦不空，皆一国之贤者"（参看《尸子》）。伯阳这些人本是许由的旧友，许由又把他们拉到了舜的周围，这样就造成了"五典能从"、"百官时序"、"四门穆穆，诸侯远方宾客皆敬"的大好局面。（《史记·五帝本纪》，中华书局，1973年，第22页）

3. 在许由的策划下，舜在取得尧的信任后，适时向尧建议解决了"四凶"的问题。《史记·五帝本纪》云："于是舜归而言于帝，请流共工于幽陵，以变北狄；放驩兜于崇山，以变南蛮；迁三苗于三危，以变西戎；殛鲧于羽山，以变东夷。"从而形成了以舜为中心、一边倒的政治态势，"四罪而天下咸服"。到尧决定禅让于舜时，"诸侯朝见者不之丹朱而之舜，狱讼者不之丹朱而之舜，讴歌者不讴歌丹朱而讴歌舜"。

这里需要说明的是，许由辅佐舜"登上天子之位"，并不是为了一族的狭隘利益，而是为了整个华夏民族的利益和全社会的进步。事实上，东夷的社会文明程度不亚于甚至高于华夏文明，从前面所引尧对许由的赞扬中也说明东夷文明是处于当时的先进地位的。

《古今注》云："舜既受尧禅，广开视听，求贤人以自辅。"《史记·五帝本纪》载，舜时疆域扩大，"方五千里"，"四海之内咸戴帝舜之功"。创九韶歌南风，"天下明德皆自虞帝始"。《管子》云："有虞之王……民始知礼也。"《吕氏春秋》云：舜"登为天子，贤士归之，万民誉之，丈夫女子，振振殷殷，无不戴悦"。可见舜时的政治设施、行政组织、礼乐教化已较完备；发展了生产，增加了人民必需的用具，提高了生活水平；团结了分散的部落，开拓了华夏的疆土，卓有成效地把黄帝所奠定的部落大联盟推向了更高的国家形态的轨道。而舜这种超越前人的功绩，是以东夷族的高度文明为基础的，同时也是各种族、部落文化相互融合、取长补短的结果，更是许由等杰出人物组成的领导集体共同努力的结果。

综上所述,许由是一位远古时期经略天下、扭转乾坤、手定尧天舜日的伟人!

(四)许由的地望

关于许由的地望,先秦文献没有明言。《吕氏春秋·求人》云:"昔者尧朝许由于沛泽之中,请属天下,许由辞,遂之箕山之下,颖水之阳,耕而食。"《吕氏春秋·当染》高诱注"许由阳城人,尧聘之不至"。这是秦汉人关于许由地望较早的说法。晋及以后的人多因承之,如皇甫谧的《高士传》、南朝梁殷芸的《殷芸小说》都是如此。但司马迁对此说还是有保留的,前面所引:"太史公曰:余登箕山,其上盖有许由冢云。"一个云字,疑义可窥。既不否认,也没有肯定,只承认有这么一种传说而已,说明司马迁对于此种说法是十分谨慎的。

确实,关于许由是否为中岳颖川人值得商榷,原因如下:

1. 前面已经考证许由是东夷人,东夷人起初分布在河北易水及燕山一带,故《史记·五帝本纪》云:"舜,冀州之人也",《帝王世纪》云:舜"家本冀州",《竹书纪年》云:舜即帝位"居冀",看来舜一生主要活动在冀。而《孟子》云:"舜生于诸冯,迁于负夏,卒于鸣条,东夷之人也。"似乎与上面的说法相矛盾,但如果承认东夷人初居易水燕山一带,两种说法也就不予盾了。《墨子·尚贤下》云:舜"返于常阳",常阳即恒阳,太行山恒山一带。《尚书·禹贡》有"太行恒山",可见,舜主要在冀一带活动。

而在易水流域,也有很多舜的遗迹和传说。如在易水上游有"尧舜口",相传是尧访舜之地。尧舜口所在的乡镇叫龙华,原名为重华,是以舜的名字叫起来的。西汉初曾在此建"重华庙",唐贞观五年又敕建"重华寺"。后舜称"帝"为天子,又改称为龙华。虞舜族后来沿南易水南下,经龙门来到古黄河西岸方顺桥一带。其弟象这一支曾居徐水象山,其山因此得名。《史记》云:"舜耕历山、渔雷泽、陶河滨、作什器于寿丘,就时于负夏",所以舜是在冀一带而不是在山东、河南等地活动。历山即河北省顺平县的娥山,因尧之女娥皇而出名。"渔雷泽",即清苑县阳城淀。此阳城在战国时就有其名。《水经注》滱水云:"博水东经阳城县,散为泽渚是为阳城淀。"因有雷溪河注入,又名雷泽。据《元和郡县图志》和《太平寰宇记》云:阳城淀在唐宋时期"周迴三十里,莞蒲菱芡,麋所不生"。"陶河滨"中的陶,指的是定州南北陶丘村,此村在唐河入古黄河的入口附近,正是陶于河滨。"就时于负夏"中的负夏即今天阜平县阳平镇,《公孙尼子》说舜曾籴于平阳,指的就是此事。顾炎武《历代宅京记》第一卷云:"舜都蒲坂,今山西平阳蒲州,皇甫谧云,'舜所都,或言平阳'。"其实二人是一个跟着一个错。舜都应为今顺平县蒲上乡。该乡现有八个蒲村,上有蒲阳山、娥山。《水经注》云:"蒲水出县西北蒲阳山,径蒲阴县北,下流合于濡水,又东入于博水。"蒲水源头有龙池,蒲水流入濡水即曲逆河,又名龙泉河。龙池、龙泉河其名与舜定都于此有关。《水经注》引《中山记》中的"郭东有舜氏甘泉,有舜及二妃祠"对此进行了证明。蒲上秦时置曲逆县,西汉因之。东汉章帝因恶其名改为蒲阴县。既然舜的出生地、活动地、都城已经明确,那么与舜同族又保持师友关系的许由,我们认为其是从易水迁至距此不远的清苑阳城似乎也是合乎情理的。

2. 俗话说"看人先看友"。先秦很多书中都将许由、善卷连称为友,如《庄子·盗跖》云:"善卷、许由得帝而不受",《荀子·成相》云:"许由、善卷重义轻利",《列子·杨朱》以及《吕氏春秋·本生》、《淮南子·齐俗训》等书中也是如此记载。《高士传》同样把善卷与许由同列传。

善卷与许由都是东夷族的部落领袖,与尧舜同时。对于善卷的始居地,何光岳先生说其"发源于燕山附近",在今山西朔县(何光岳:《东夷源流史》,江西教育出版社1990年,第230页)。其实许由与善卷交往甚为密切,他们同为舜师,所以相距应当不会太远。善卷原为蚩尤部落中的善者,蚩尤战败后其善者迁到易县北易水流域山南乡,与许由、舜部为邻,这里有七里庄的遗址为证。后善卷南下经满城高士庄来到唐县山阳固城一带,至北燕为阳邑。

3. 甲骨文有"延惟翌日步,射豕于由"(《甲》3003),"勿令出黑品渡由,取舟不若"(《舍》303),又"王寮于河,延于油"(《佚》9)。"由"字在甲骨文中多见，从文义来看，"由"是地名也是水名。据金岳先生考证，由水与滹沱河相近，当在保定地区。唐河古称滱水，因其流域又在东夷之地，又名呕夷水。《水经注》："滱水即呕夷之水也。"由是呕夷音的速读。所以，呕夷水即是由水，与唐河实为一水。唐河称由水，与许由居住于此有关。古时唐河的分支博水由南向北注入阳城淀，许由部沿博水溯流而上，向唐河中上游发展，由唐河经曲阳迁到行唐郜河（中段原名颖水）流域。据旧《行唐县志》记载，在颖水北岸有许由村，南岸有颖南村，两村之间有一条河叫洗耳溪。溪的上游有箕山，山上原有许由冢、祠、亭，以及巢父问答碑，山崖名为弃瓢崖。

这样我们就基本弄清了许由部的地望，他们是由易水南下阳城又溯博水、唐河迁移，在清苑、望都、定州、唐县等地繁衍生息，至晚年迁居于行唐。

至于《左传·隐公十二年》云："夫许，太岳之胤也"，《国语·周语》云："齐、许、申、吕，由太姜"，《世本》云："许、州、向、申，姜姓也，炎帝后"，这里所说的许，是炎帝姜族的一支，是四岳部落之后，他们与许由既不同族，又不同时。有人考证，姜姓之许，夏代才由陕西洛水下游东渡黄河迁晋西，到周灭商时，许、吕、申、齐等姜姓诸族立下大功，许部的首领吕叔被封于许，后南迁至河南许昌，建立许国，这与许由毫无相关。

第二章 "五行终始说"的创始人和"大九州"说的邹衍

贾延清

邹衍,生卒年不详,据推断大约生于公元前324年,卒于公元前250年。战国时齐国人,年轻时就学于稷下学宫,先学儒术,后改攻阴阳五行说,卒以显名。来到燕国后,燕昭王行弟子礼,拜邹衍为师,筑竭石宫为其所居,并委以重任,专门负责发展生产。邹衍为燕国的兴起做出了突出贡献。

"阴阳"与"五行"均非邹衍的发明,但他总结以往的经验,使阴阳与五行结合起来,形成阴阳五行终始说的完整理论,这可以说是邹衍对中国古代哲学作出的突出贡献。邹衍以阴阳五行终始说进行地理研究,创建了"大九州说"。

邹衍认为,天地有五行,从人类社会诞生以来,都是按照五德转移的次序进行循环的,而五德转移是仿照自然界的五行相克的规律进行的。五行相克即土克水、木克土、金克木、火克金、水克火。人类社会的历史变化同自然界一样,受土、木、金、火、水五种物质因素支配。历史上每一王朝的出现,都体现了一种必然性。邹衍说:"终始五德,从所不胜,木德继之,金德次之,火德次之,水德次之。"邹衍把阴阳五行由自然界引申到社会变化、朝代更替中来,称为"五德终始说"。意思是说,一国的兴亡不是国君一人说了算,而是有相生相克的规律,有德者居之,无德者失之,这德便是以木、火、土、金、水五行来代表,叫五德。你是火德,德衰,便有水德来克你;你是水德,德衰,便有土德来克你。以此类推,这个理论便成为帝王改朝换代的工具:一方面为一些帝王(如燕昭王、齐闵王)的兴起奠定了理论基础;另一方面,也使那些暴虐无度的帝王有所顾忌。阴阳五行终始说震撼了当时的各诸侯,邹衍在游历魏、燕、赵等国时,所到之处,无不受到帝王的隆重接待。这与孔子等人周游列国时却吃不上饭的情形,形成了鲜明的对照。

邹衍的五行终始说影响深远,不仅在当时受到重视,而且对后世的学术和政治也产生了重大影响。就当时来讲,这一理论为齐闵王称东帝、燕昭王称北帝奠定了基础;后世的秦始皇在统一六国后,也采用了这一理论,将其定为水德,并以秦文公出猎获黑龙作为水德兴起的符瑞,进行了一系列符合水德要求的改革,以证明其政权的合法性,这也让秦始皇成为第一个实践"五德终始说"的"天子"。就学术而言,董仲舒将阴阳五行学说与儒学相结合,开了汉代儒学阴阳五行的先河。

邹衍的另一重要学说,即"大小九州说"。邹衍认为:"所谓中国者,于天下乃八十一分居其一分耳。中国名曰赤县神州,赤县神州内自有九州,禹之序九州是也。中国外如赤县神州者九,乃所谓九州也,于是有裨海环之。人民禽兽莫能相通者。如一区中者,乃为州。如此者九乃有大瀛海环其外,天地之际焉。"也就是说,世有九州,中国只是其中一州,每州内又有九小州,每大州都有大海环绕。这大致符合今天世界大州的景况。但在当时的社会,能有这种先进的观念,不得不让人赞叹。原因有二:一是当时的交通、通讯等科技能力远没有达到可以勘察世界的水平;二是当时人们认为世界只有中国一州,而且处于中心位置,这与邹衍的理念大相径庭。邹衍的超前意识,王梦欧在《邹衍遗说考》中认为,这是邹衍"以阴阳五行的原理来解释方舆"。

邹衍的大小九州说是对中国古代地理学的伟大贡献,它反映了我国战国时期人们对中国和世界地理知识的探索。

据《盐铁论·论邹第五十三》载:"邹子疾晚世之儒不知天地之弘,昭旷之道,将一曲而欲道九折;守一偶而欲知万方,犹难准平,而欲知高下,无规矩而欲知方圆也,于是推大圣之运,以喻王公列士……"司马迁讲得更加深刻:"邹衍睹有国者益淫侈不能尚德……乃深观阴阳消息而作怪迂之变,《终始》《大圣》

之篇十万余言……然要其归，必止乎仁义节俭，君臣上下六亲，始有滥耳，王公大臣初见其术，惧然顾化，其后不断行之。"（《史记·孟子荀卿列传》）这说明邹衍不管是学儒术，还是攻阴阳，其目的都是为了寻求经世致用之学，这体现了他匡世济民的入世精神。

邹衍这种匡世济民的入世精神还体现在其以理论作指导，帮助农民解决问题的实践上。

战国时邹衍因盛名被齐闵王"以邹子重于齐"赐为上大夫。但齐闵王想称天子，他野心勃勃，连年征战，这引起了其他各国的不满，使其成为众矢之的。有一年，正逢燕昭王招贤纳士，各国人才都争相趋燕。邹衍也因此离齐入燕。燕昭王对他很重视，亲自抱着扫帚为他扫街，怕尘埃落到他身上；执弟子礼，拜邹衍为师；建碣石宫为其住所；随时听他的指教；还让他担任要职，负责整个国家的经济工作。于是邹衍把阴阳五行说用于了发展生产上，他经常深入民间，教民革新农具，推广优良品种，根据天文历法教民适时抢时耕种收割，以及教他们改进农作物管理等，这些措施的实施使得燕国的经济很快发展起来。

这样，经过二十多年的奋斗，燕国终于强大起来。燕昭王抓住时机，令乐毅联合其他国家共同伐齐，结果连续攻克了七十多城。由于齐是邹衍的故乡，这也为他落下了日后被诬陷的口实。燕昭王死后，燕惠王继位，惠王与昭王不同，对先朝重臣并不那么信任。加之此时燕齐局势已逆转，故燕惠王听信谗言，将邹衍逮捕入狱。《后汉书·刘瑜传》引《淮南子》载："邹衍事燕惠王，尽忠。左右谮之，王系之。（衍）仰天而哭，五月为之下霜。"后来，邹衍的冤情得以昭雪。这时齐闵王已死，齐襄王继位，稷下学宫又恢复了往日的繁荣。身遭变故的邹衍日益思乡，于是又回到了自己的故乡。相传，燕昭王死后，不得志的邹衍曾隐居在易县千佛山（今建新村）。后人在其隐居的地方建"白螺栈"庙，用来纪念他。

第三章　古代保密的楷模——田光

贾延清

在易县县城西两公里处的荆轲塔下，曾有一个古庙，俗称"三义庙"。庙内纪念的是荆轲、樊於期和田光，此三人为密谋荆轲刺秦王的关键人物。刺秦，是天大的机密，所以要严格保密，而田光为了保守这一秘密，竟献出了自己的生命。

田光（公元前？—公元前227年），战国末燕国人，事情的起因还得从燕太子丹说起。

原来，燕国太子丹曾在秦国做人质，受尽凌辱。他逃回燕国后，看到秦将要吞并六国，非常忧虑。因此当秦灭赵，兵屯燕界时，他焦虑万分地急找太傅鞫武商议对策。鞫武说："秦国地域广大，势力遍布天下，如果他们再用武力胁迫韩、赵、魏等国，那么，易水以北的燕国局势还不一定会怎么样呢！你何必因在秦国遭受凌辱的怨恨，而主动去触犯秦国呢？"太子丹不认同鞫武的观点，让他再想办法。

过了一段时间，秦国将军樊於期逃到燕国，太子丹收留了他。太傅鞫武劝太子丹："秦王残暴，并且一直对燕国怀恨在心，仅这些就让我们过得不安宁了。如果他知道樊於期被你收留，那后果是不堪设想的。即使管仲、晏婴在世，也无力回天。你还是赶快把樊将军打发到匈奴去，以防泄露风声。请让我再到西边联合三晋，到南边联合齐楚，到北边去和匈奴讲和，然后就可以抗击秦国了。"太子丹觉得这个计划时间太长，而且让樊将军去匈奴他也不忍心，觉得这样做对不起朋友，因此他让太傅鞫武再次另想办法。鞫武说："那请我的好朋友田光先生来想个办法吧。他为人深谋远虑，勇敢沉着，你不妨跟他商量商量。"太子丹便让太傅鞫武代为介绍。鞫武找到田光说："太子希望和您商量一下国家大事。"田光便答应去见太子丹。

田光到后，太子丹跪着迎接他，并倒退着走为他引路，还跪下来替田光拂拭坐席。等田光坐稳、左右人都退下后，太子丹离席向田光请教道："现在天下形势使秦燕已无法并存于世，希望先生您能想个办法解决这件事。"田光说："好马年轻力壮时一日驰骋千里，可到了老得身衰力竭的时候，连最次的马也能跑到它的前面。太子听说的都是我年轻力壮时的事情，却不知道我现在已衰老，无能为力了。然而，尽管如此，我也不能因此而耽误国事。我认为我的好朋友荆轲可以担当这个使命。"太子丹说："希望能通过先生与荆轲结识，可以吗？"田光满口答应。太子丹把田光送到门口，悄悄说："我告诉你的和先生刚才说的，都是国家大事，希望先生不要泄露出去。"田光低头一笑，答："好。"

田光弯腰曲背地去见荆轲："我和你交情很深，燕国没有人不知道的。现在太子丹听说了我壮年时的情况，想让我为抗击秦国出谋划策，却不知我现在已年老体衰，远不如从前，因此我把你举荐给了太子，希望你到太子的住处去一趟。"荆轲答应下来。接着田光说："俗话说，忠厚老实之人的所作所为，不使人产生怀疑。如今太子却告诫我所讲的，都是国家大事，希望不要泄露出去。这是太子丹他怀疑我啊。为人做事让人怀疑就不是有气节的侠客。"田光想用自杀来激励荆轲，于是又说道："希望你马上去拜见太子，说我已经死了。以此表明我没有把国家大事泄露出去。"说完自刎而死。荆轲与太子丹见面后，商定了刺秦王的大计，这是后话。

太子丹与田光商议刺秦王之策，田光因年老体衰不能担当重任，于是推荐荆轲，实乃真诚；太子丹在与其商议刺秦王之后，嘱其保密，也顺理成章。然而，田光却认为，忠厚之人为人处事不应让人怀疑。太子丹嘱其保密，是在怀疑他。因此，为了证明自己没有泄露国家机密之嫌，竟自刎而死。虽然，他自刎还有另一层用意——以激励荆轲完成刺秦之举。但事实上，像他这样一个年迈的老人，一推了之，是没人怪罪他的；太子丹嘱其保密，他一笑了之，也不会有人怪罪他。但他却以自刎来证明其保密的决心，并以此激励荆轲完成刺秦大业。此举可谓是侠肝义胆！难怪易县城西的"三义庙"，将其当神明供奉。而他大概也可称为历史上最保密之人了吧！

第四章 刺客荆轲

贾延清、蔺友仁

在易县城西南1.5公里处有一小山,名荆轲山;山下有一村,名荆轲山村;山上有一古塔,名荆轲塔。山、村、塔均因荆轲而得名。塔下曾有一庙,名"三义庙",是为纪念荆轲、田光、樊於期而建的。

荆轲,卫国人,好读书击剑,曾游榆次、邯郸等地,后到燕国,受到燕国处士田光善待,与著名击筑艺术家高渐离来往密切。

秦国强大起来后,一直想灭掉六国。公元前230年,秦国大将王翦攻破赵国,向北推进,逼近燕国。燕太子丹非常着急,多次同太傅鞠武等人商量,均无妙策。最后,还是田光推荐了荆轲。他们商谈后认为,当时以燕国军队抵抗秦国,犹如以卵击石,联合其他国家抗秦为时已晚,只有派遣使臣拜见秦王,借机刺杀,方能解决问题。

督亢是燕国最富饶的地方,当时秦王正重金悬赏通缉叛将樊於期,如果将督亢地图和樊於期人头献给秦王,必然会取得他的信任而接近他,如此才有机会刺杀成功。对于这个计策,

荆轲塔

太子丹觉得督亢地图是没问题的，但他不忍心杀掉投奔来的樊将军。于是，荆轲直接找到樊於期，说明来意，樊於期二话不说，拔剑自刎，献了人头。太子丹厚葬了樊将军，将一把锋利的特制匕首交给荆轲，并派勇士秦武阳一同前往。荆轲想等一个能帮自己的朋友赶到后一同去秦国，燕太子以为他有意拖延时间，再三催促，荆轲只好和秦武阳奔赴秦国。

荆轲义士像

公元前 227 年深秋，荆轲和秦武阳动身赴咸阳，太子丹和密谋此事的宾客一身素白，在易水河边为其践行。荆轲好友高渐离击筑，荆轲和而歌曰："风萧萧兮易水寒，壮士一去兮不复还。"歌声凄凉悲壮。接着，乐曲变得慷慨激昂，太子丹为荆轲斟满酒，荆轲一饮而尽，转身上车，飞驰而去，没有回头看一眼。

秦王得知荆轲带着督亢地图和叛将樊於期人头来见，非常高兴。于是身着朝服，以九宾之礼在咸阳宫予以接见。咸阳宫戒备森严，侍卫众多，秦武阳吓得脸色苍白，浑身发抖。秦国大臣感到很奇怪，荆轲向秦武阳一笑，赴前向秦王谢罪："他是燕国乡下人，从未见过像您这样威严的君王，因此害怕，请大王见谅，让他不辱使命。"

虽然荆轲掩饰得很好，但秦王还是产生了戒心，只让其一人上前。木匣打开后，秦王见里面装的确实是樊於期的人头，十分高兴，又令荆轲献上地图。荆轲缓缓打开地图，并说："燕国督亢，物阜民丰……"正当秦王满心欢喜时，地图展完，现出匕首，荆轲拿起匕首刺向秦王。秦王大惊，急忙闪躲，被荆轲拽住袖子。眼见匕首刺向胸前，秦王慌乱中挣断袖子，转身而逃。荆轲持匕首猛追，秦王围着宫中铜柱躲闪，荆轲围着铜柱紧追不舍。

此时，满朝文武大臣，由于手中没有兵器，震惊之下，一时不知所措。殿外侍卫虽然人人手持兵器，但按规定，没有秦王命令，是不得上殿的。所以尽管形势万分危急，却无人敢入内营救。秦王想拔剑反击，可剑却因太长拔不出。

正在这危急时刻，有人高喊："大王把剑背起来。"几乎在同时，御医夏无且用自己的药袋砸向荆轲。荆轲错愕之际，秦王已拔出宝剑刺向荆轲。荆轲左腿被砍断，拼命将匕首掷向秦王。秦王闪过，匕首击在铜柱上，溅出火花。秦王见荆轲没了武器，赶上去连砍数剑，使其八处受伤。荆轲自知败局已定，靠着铜柱大笑，怒骂秦王："事情之所以没有成功，无非是想活捉你，得到被占土地以回报太子。"两旁的人急忙赶上来，将荆轲杀死。秦王郁闷了好久，才回过神来。

燕国的这一举动，彻底激怒了秦王，于是下令增兵，大举进攻燕国，最终于公元前222年灭掉燕国。

虽然荆轲刺秦王失败了，但他不畏强敌、舍生取义的壮举，却成为后人学习的榜样。司马迁在《史记》中也用很大篇幅记述了此事。此后，不畏强敌、不屈不挠、舍生取义的燕国精神，成为中华民族精神的重要内容。而"风萧萧兮易水寒，壮士一去兮不复还"的千古绝唱，也世世代代传颂下来，有诗为证：

易水送别

骆宾王（唐）

此地别燕丹，壮士发冲冠。

昔时人已没，今日水犹寒。

易水怀古

贾岛（唐）

荆卿重虚死，节烈书前史。

我叹方寸心，谁论一时事。

至今易水桥，寒风兮萧萧。

易水流得尽，荆卿名不消。

和陶咏荆轲

苏轼（宋）

秦如马后牛，吕氏非复嬴。
天欲厚其毒，假手李客卿。
功成志自满，积恶如陵京。
灭身会有时，徐观可安行。
沙丘一狼狈，笑落冠与缨。
太子不少忍，顾非万人英。
魏韩裂智伯，肘足本无声。
胡为弃成谋，托国此狂生。
荆轲不足说，田子老可惊。
燕赵多奇士，惜哉亦虚名。
杀父囚其母，此岂容天庭。
亡秦只三户，况我数十城。
渐离虽不伤，阶戟加周营。
至今天下人，愍燕欲其成。
废书一太息，可见千古情。

咏荆轲

陶渊明（魏晋）

燕丹善养士，志在报强嬴。
招集百夫良，岁暮得荆卿。
君子死知己，提剑出燕京。
素骥鸣广陌，慷慨送我行。
雄发指危冠，猛气冲长缨。
饮饯易水上，四座列群英。
渐离击悲筑，宋意唱高声。

萧萧哀风逝，淡淡寒波生。
商音更流涕，羽奏壮士惊。
心知去不归，且有后世名。
登车何时顾，飞盖入秦庭。
凌厉越万里，逶迤过千城。
图穷事自至，豪主正怔营。
惜哉剑术疏，奇功遂不成。
其人虽已没，千载有馀情。

读荆轲传
高斯得（宋）

夜读荆轲传，掩卷喟然叹。
结交天下士，贤哉太子丹。
报秦一片心，秋莲孤剑寒。
介绍田先生，得结荆卿欢。
太子一语疑，先生甘自残。
荆卿欲藉手，临事敢开口。
走见樊於期，愿借将军首。
将军揾揽言，念此固已久。
得复平竹仇，性命何足有。
四雄英烈风，精诚凌白虹。
函关初未入，气已吞祖龙。
其事虽不就，简牍光无穷。
奈何今之人，蹙缩如寒虫。

己亥杂诗

龚自珍（清）

陶潜诗喜说荆轲，想见停云发浩歌。

吟到恩仇心事涌，江湖侠骨恐无多。

杂兴

王昌龄（唐）

握中铜匕首，纷锉楚山铁。

义士频报仇，杀人不曾缺。

可悲燕丹事，终被狼虎灭。

一举无两全，荆轲遂为血。

诚知匹夫勇，何取万人杰。

无道吞诸侯，坐见九州裂。

咏史诗

阮瑀（魏晋）

燕丹善勇士，荆轲为上宾。

图尽擢匕首，长驱西入秦。

素车驾白马，相送易水津。

渐离击筑歌，悲声感路人。

举坐同咨嗟，叹气若青云。

咏史

左思（魏晋）

荆轲饮燕市，酒酣气益震。

哀歌和渐离，谓若傍无人。

虽无壮士节，与世亦殊伦。

高眄邈四海，豪右何足陈。
贵者虽自贵，视之若埃尘。
贱者虽自贱，重之若千钧。

易水
汪元量（宋）
芦苇萧森古渡头，征鞍卸却上孤舟。
烟笼古木猿啼夜，月印平沙雁叫秋。
砧杵远闻添客泪，鼓鼙才动起人愁。
当年击筑悲歌处，一片寒光凝不流。

咏史诗·易水
胡曾（唐）
一旦秦皇马角生，燕丹归北送荆卿。
行人欲识无穷恨，听取东流易水声。

第五章　袭击秦始皇的艺术家高渐离

贾延清

在易县城南 5 公里的中易水北岸西高村北山丘上，曾有高渐离城，内有宫殿。此处就是战国时期最著名的击筑艺术家、古义士高渐离的故居。《水经注》载："易水又东历燕之长城，又东经渐离城南，盖燕太子丹馆，高渐离处也。"高村也因纪念高渐离而得名。

《辞海》与《简明文化知识辞典》载："筑，古代击弦乐器，形色筝，颈细而肩圆，有 5 弦、12 弦、13 弦或 21 弦不等。弦下设柱，演奏时，左手按弦的一端，右手执竹尺击弦发音，已失传。"高渐离为燕国人，擅于击筑。其演奏到凄苦伤心处时，能使人落泪涕泣；演奏到慷慨悲壮处时，能使人怒发冲冠。据易县县志载："荆轲既至燕甚爱渐离人品，日饮于市，酒盛渐离击筑；荆轲和而歌于市中，旁若无人。"后荆轲为太子丹入秦报仇，高渐离击筑，荆轲和而歌，为变徵之声，士皆垂泪涕泣，又前而为歌曰"风萧萧兮易水寒，壮士一去兮不复还"，"复为慷慨羽声，士皆瞋目，发尽上指冠"。"怒发冲冠"这一成语即由此而来。可见高渐离击筑艺术之高超。

秦吞并六国后，号为始皇。高渐离得知，太子丹和荆轲均为秦始皇所杀。作为荆轲的密友，他自知难逃被追杀之命运，于是隐姓埋名，以庸保之名藏于宋子这个地方做苦力。一次主人家中来客，击筑，高渐离不由地自言自语道："彼有善有不善。"意思是击筑者有的击艺可以，有的不怎么样。随从中有人告诉主人，你的手下人庸保是知音，他在悄悄议论别人击筑呢。主人便召渐离击筑，一击称善，立刻赐酒给他。而高渐离考虑到长久地隐姓埋名，担惊受怕地躲藏下去没有尽头，便退下堂来，把自己的筑和衣裳从行装匣子里拿出来，恢复了以前的容貌。满座宾客大吃一惊，离开座位用平等的礼节接待他，尊为上宾。并请他击筑唱歌，宾客们听了，没有不被感动得流着泪而离去的。秦始皇听说后召见他，有人认出他就是荆轲密友高渐离。秦始皇对高渐离的击筑技艺早就佩服得五体投地，于是赦免了他的罪。又为防其生事，用毒品熏瞎了他的双眼，仍让他为自己击筑。每次击筑，秦始皇没有不叫好的。时间久了，与秦始皇接近的机会多了，高渐离便在筑中置入铅，当再一次为秦始皇击筑时，他突然举筑向秦始皇砸去，结果没有砸中，反而被秦始皇杀死了。

《史记》载："荆轲、田光、渐离、樊於期、秦武阳，此其义或成或不成，然其主意较然，不欺其志，名乘后世，岂妄也哉。"意思是说，燕国的这些义士之举，不管他们是否成功，其爱国精神就足以名垂千古！

现附几首古人赞高渐离的诗：

结袜子
李白（唐）

燕南壮士吴门豪，筑中置铅鱼隐刀。
感君恩重许君命，泰山一掷轻鸿毛。

临易水吊高渐离
陈璟（明）

丈夫交谊薄秋云，操筑更衣暗入秦。
借剑不忘酬故主，许群青史步芳尘。

易水行
颛琰（清）

冲冠决眦咸阳去，士为知己无长虑。

英风一激遗憾深，滔滔巨浪西流遽。
慷慨随甘剑戟深，白衣分袂无还心。
燕山虽朽於期骨，易水犹含击筑声。

易水

陶国奇（清）

歌声已寂筑声休，风自萧萧水自流。
似惜报秦人不见，五华台畔鸟啾啾。

易州怀古

熊文洋（明）

义愤无成败，当年太子丹。
雨余青督亢，风起白衣冠。
一匕龙魂夺，三歌马耳寒。
渐离虚击筑，酒伴不生还。

第六章 左伯桃与羊角哀

许德山

易县过去有五塔镇燕山之说。五塔即荆轲塔、血山塔、燕子塔和黑塔、白塔。白塔位于县城西南8华里处八里庄村西北的山顶，高约15米，六角三层，须弥座。黑塔位于县城西南6华里处西市村的西方山上，高约13米，方形三层。两塔均系砖结构，相距约5华里，南北遥遥相对。属县级保护文物。

黑塔是为纪念羊角哀而建，白塔是为纪念左伯桃而建。据传，春秋时楚王尊儒重道招贤纳士，各国贤士纷纷往投。当时燕国有一名士叫左伯桃，自幼父母双亡，靠亲友抚养成人，后刻苦攻读，学得满腹经纶，年近四十，功名未就。左便辞别了乡亲，欲投奔楚王，结果路遇羊角哀。羊亦系博学多才之士，二人甚为投机，相见恨晚，遂结为异姓兄弟，一同奔楚。时值隆冬，连日风雪，于深山旷谷间，前无村庄，后无旅店，两人白天迤逦南往，举步维艰，晚上只好于崖塘洞穴稍可避风处过夜。多日的奔波，干粮几乎快要用尽，左

白　塔

伯桃已感到体力难支。他想与其二人同死，不如一人求生，如以自己的衣食同付贤弟，以御饥寒或可延长数日，使其走出深山，到达楚国。于是就将自己的打算告诉了羊角哀。羊角哀听后坚决反对："我二人虽为异姓兄弟，但情同手足，理应有福同享，有难同当。现遇灾难，我岂能丢下兄长自去，给后世留下贪生弃友之名。"说罢，强挽左伯桃上路，走约里许，风雪更紧，已难举步。左伯桃见道旁有一枯桑，遂自入桑洞内解衣，并将衣服、食物推给角哀。角哀见状大惊，强行为之穿衣，伯桃抵死不肯，不一会儿就神色腊变，四肢厥冷，口不能言，只以手挥令羊角哀快去。须臾，伯桃气息已绝，赤身死于桑中。角哀悲痛欲绝，自思若久恋下去，以死殉友，背兄遗命，亦为不义。遂取其衣粮，泣拜而去。

羊角哀忍悲受冻，半饥半饱，终于来到楚国，楚王知羊角哀素著贤名，当即拜为上大夫。羊角哀又将左伯桃博学多才，舍命助己，死于桑中之事，奏明楚王。楚王听后深为感动，即命羊角哀带领随从数十人，骑马前往枯桑，厚葬了伯桃。而为了教化民风，褒扬忠义，楚王又追封左伯桃为上大夫。易县史志载，尊左伯桃为乡贤，后人有诗赞曰：

黑　塔

　　古燕多侠士，首推左伯桃。
　　舍命存知己，生死轻鸿毛。
　　并粮思路远，解衣御寒潮。
　　民间广传颂，青史有名标。
　　今日阋墙者，何以情太薄？
　　兄弟常戚戚，妯娌复哓哓。
　　为争蝇头利，动辄举枪刀。

斗殴拼性命，不惜坐大牢。
巍峨黑白塔，高耸入云霄。
风雨摧不倒，留与后人瞧。
左羊似低语，告我众同胞。
生命虽可贵，义比云天高。

第七章 乱世政坛"不倒翁"冯道

贾延清、蔺友仁

在易县泰宁山翠屏峰下有五代时冯道的故居,后建静国寺,后人称此为"冯道吟台"。易县古属幽州,冯道在唐末曾任幽州节度参军,所以在易县也留下许多故事。而因其曾效力于多个朝代,也使其成为五代乱世中极具传奇色彩、颇具争议的政坛"不倒翁"。

(一)具传奇色彩——为相四朝的政坛"不倒翁"

冯道(882—954),五代时瀛州景城(今河北沧州)人,汉族,字可道,自号长乐老。

唐朝灭亡后,我国北方经历了前后相承的五个朝代,史称"五代"(907—960);同时在南方及今山西中部出现了十个割据政权,史称"十国"。统称"五代十国"。北方政权乍兴乍灭,战争连年不断,政权像走马灯似地轮番更替,皇帝一个接一个地被杀被废,而冯道处乱世历巨变,官运却一路亨通、长兴不衰。不管谁当皇帝,都要请他出来辅政:后唐时,历任集贤殿大学士、司空等职;后晋时,任司徒、中书令;契丹时,又附契丹任太傅;后汉时,又任太师、中书令;后周时,为中书令、太师。侍四朝十君,五姓,三入中书,相六帝。29年间,他始终不离将相三公三师的最高官位。除此之外,他还先后担任中央和地方要职40多个,如河东节度巡官、摄幽府参军、翰林学士、端明殿学士、检校尚书郎中兼侍御史、检校吏部郎中兼御史中丞、户部尚书、刑部尚书、吏部尚书等。其历次散阶（散阶指无固定职事的官员品阶）为仕郎、仪郎、朝散大夫、银青光禄大夫、金紫光禄大夫、特进、开府仪同三司。其武职勋位自柱圆至上柱圆。历次爵位为开国男爵、开国公、鲁国公、秦国公、梁国公、燕国公、齐国公等。在位30多年，终身享受"国家级领导人待遇"。就是在他73岁去世后，当政者还追封其为"瀛王"，这在中国历史上是绝无仅有的。

（二）洁身自好——虎狼丛中也立身

冯道所处的"五代"时期，是中国历史上最乱的时期，其特点有三：1.政权更替频繁。五代（907—960）的54年中，五个朝代再加契丹和辽，14个皇帝，平均每个帝王在位3.8年。后唐闵帝李从厚（933—934）、后汉高祖刘知远（947—948）、后周慕帝（959—960），在位时间都仅一年左右，最长的后梁末帝朱友贞也不足11年。从14个皇帝的最后结局看，五个被杀，一个自焚，一个自杀，一个受惊吓而死，其余不是被俘就是被废。其乱像可想而知。2. 当时没有正统。历史上，春秋晚期和汉末也被称为乱世。然而春秋战国时尚有周天子为正统；三国时期在曹丕代汉前，汉朝依然是名义上的中央政府；南北朝时尚有东晋。这种有正统的乱世可使当时的知识分子和有识之士有所遵循，终可以有个偶像。五代时却不是这样，这使当时的知识分子和有识之士变得不知所措，无所适从。3. 当时的政治氛围差到极点。欲望、阴谋、背叛，一幕接一幕地上演。这种乱世，没有正义可言，只是为了满足无穷的野心；没有英雄可敬，只有争战与杀戮。数不清的无辜生灵，成为这纷乱时代的祭品。皇帝的命运如此，其属下的大臣们又能怎样？然而冯道却能在这种特殊环境中洁身自好——虎狼丛中也立身。他有五点把握得很出色：一是不贪财色和享受。历史上、社会上，不管是达官贵人，还是平民百姓，凡是被人攻击的，不外财色之事。在这方面，冯道就做得非常好。如在晋梁交战前线，他在军中只搭茅屋，室内不设床席，睡觉仅用一捆牧草；发的俸禄与随从、仆人一起花；与属下将领、士卒吃一样的伙食；属下将领在战争中将掠得的美女送给他，实在无法推却，他就安置于别室，等找到她的亲人后再送回去。二是无野心，忠谏主上。

冯道任后晋河东节度掌书记时,晋军与梁军对峙于黄河两岸,晋军久攻不下,晋主李存勖(923—926)也无计可施。于是,郭崇韬向晋王建议将那些不得力的将士和闲杂人员裁减一些,以提高部队战斗力。晋王李存勖怒而欲"令三军别择一人为帅,孤请归太原以避贤路",令冯道起草文告发表。冯道执笔久之不写。李存勖正色催促,冯道说:"道所掌笔砚,敢不供职。今大王屡建大功,方平南寇,崇韬所谏,未至过当,阻拒之则可,不可以向来之言喧动群议。敌人若知,谓大王君臣不和矣,幸熟而思之,则天下幸甚也。"后来,郭崇韬向李存勖道歉,经过冯道调和,此事顺利解决。人们不得不佩服冯道的胆识。李存勖称帝后,冯道被破格升为户部侍郎,充翰林学士。

后唐天成、长兴年间,国家粮食连年丰收。冯道打比方提醒称帝的李嗣源(926—933)。他借自己在河东任掌书记时出使到中山(今河北定州),路过井陉地区的险恶山路,因十分小心而没有出事;等走到平坦地区时,以为可以放心大胆,结果反而跌伤的事说:"臣所陈虽小,可以喻大。陛下勿以清晏丰熟,便纵使逸乐;兢兢业业,臣之望也。"李嗣源问他丰收年景的百姓情况时,他说:"谷贵饿农,谷贱伤农。"并吟诵聂夷中的《伤田家诗》:"二月卖新丝,五月粜新谷。医得眼下疮,宛却心头肉。我愿君王心,化作光明烛。不照绮罗筵,偏照逃亡屋。"李嗣源听了很受感动,命人抄下加以诵读。当李嗣源为得到一只刻有"传国宝万岁杯"字样的珍宝而高兴时,冯道规劝说:"此前世有形之宝尔,王者固有无形之宝也。"并进一步指出这无形之宝便是"仁义"。冯道就是这样因势利导地规劝帝王的。既让对方乐于接受,又可以使自己的地位得到巩固。冯道谏上,有时也直言不讳。如后周柴荣帝(955—960)要挂帅亲征,冯道极力谏阻。周世宗柴荣说:"从前唐太宗定天下,都是亲临战场。我怎敢偷安?"冯道反问:"不知道你能为唐太宗否?"后周世宗答:"我破刘崇如山压卵。"冯道说:"不知道你能为山否?"后周世宗发怒说:"待我失败后,你去迎奉新君好了。"于是贬他做山陵使,给周太祖郭威造墓。当时冯道已70多岁,墓造完了,他也死了。然而,尽管如此,周世宗仍追封其为"瀛王"。

（三）体恤民情——与民共甘苦

冯道父亲病故后，其辞去了翰林学士职位，回到故乡守孝。此时，正逢大饥荒时期，于是冯道便倾家财救济乡民，自己却住在茅草屋里，并亲自耕田背柴。有人因没有能力耕种致田地荒废，他便在夜里悄悄地去帮忙，主人得知后登门致谢，他却认为没有什么值得感谢的地方。地方官得知他回乡后登门拜访，对于馈赠冯道一律不收。冯道的这种平民作风与清廉行为，不但受到百姓的爱戴，还使得他扬名万里，因此不管谁称帝都请他出山当招牌。更为有趣的是：在冯道回乡守孝期间，契丹也听说了他的大名，就想偷袭将他抢走。结果因边境守军严密保护，才未能得逞。

（四）勇谋并用——倾心呵护国家元气和民族文化

冯道所处正值战乱时代，这无疑会对国家的元气、文化以及民众的生存造成严重的破坏。他深知无力阻挡这种不幸的发生，只有倾心应对，力求使其破坏降低到最低限度。如在用人方面，他在任官期间，凡孤寒士子，抱才业、素知识者，即贫穷无背景的读书人，有真才实学和事业心的人，他都千方百计提拔重用。而对于那些世家显贵、品行不正、办事浮躁的人，则抑制或冷待。为此，他遭到许多人的攻击与责难。

而在保护民众方面，冯道也是倾心尽力。如契丹灭晋后，辽太宗耶律德光进入开封，冯道应召到达。辽主问他为何入朝？冯道直率回答："无城无兵，老子怎敢不来？"辽主又责问他："你是什么老子（老东西）？"冯道答："无才无德，痴顽老子。"有一次辽主又问他："天下百姓如何救得？"冯道答："现在就是佛出世也救不了，只有你皇帝救得。"冯道的机智答复，在一定程度上缓解了契丹的残暴举措，减少了破坏，也保护了部分中原民众。契丹北撤时，冯道与晋室大臣被随迁至常山，他看见有被掠的中原女子，就出钱将其赎出，寄居在尼姑庵中，以后为她们寻找家人领回。耶律德光死后，汉兵起来反抗，驱逐辽将麻答，冯道到战地慰劳士卒，使得军心大振。收复失地后，冯道又选择将帅，妥善处置，使社会以最快的速度安定下来，减少了民众的痛苦。

在乱世中保护弘扬民族文化遗产是一件很难的事情，然而冯道却于后唐长兴三年（公元932年）亲自组织，由田敏（尚书屯田员外郎）等人任详勘官，依唐刻《开成石经》，并合经注合刊，开雕"九经"（《易》、《书》、《诗》、《春秋左传》、《春秋公羊传》、《春秋穀梁传》、《周礼》、《礼仪》和《礼记》），历时两年完成。同时刻成的还有唐代张参撰《五经文字》、玄度撰《九经文字》，史称"五代监本九经"。此举也开创了官刻书籍的先河，对后世影响深远。

历史上，冯道一直是一个颇具争议的人物。儒家骂他厚颜无耻，气节丧尽，把知识分子的脸都丢光了。这话有一定道理，就连我国著名史学家范文澜也用一定篇幅对冯道大加挞伐。但也有很多人称赞他，如苏东坡、王安石等。苏东坡讲冯道"菩萨，再来也"。王安石讲冯道"佛位中人"，意思说他是活佛。宋初名臣范质评价冯道："厚德稽谷，宏才伟量，虽朝代迁贸，人无间言，屹若巨山，不可转也。"司马光在《资治通鉴》中讲："道少以孝谨知名，唐庄宗世始显贵，自是累朝不离将相三公之师之位。为人清俭宽容，人莫测其言愠，滑稽多智，浮沉取容，尝著《长乐老叙》自述累朝荣誉之状，时人往往以德量推之。"《旧五代史·冯道赞》则说："道之履行，尤有古人之风；道之宇量，深得大臣之体。"总之，毁之者大有人在，誉之者也不少。冯道也深知自己的不足以及后人会怎样看待他："奉身即有余矣，为时乃不足。"这个"不足"，就是"不能为大君至一统，定八方，诚有愧于历职历官"。如今，历史已过去1000多年，如果我们站在那个时代的制高点，又是否能为冯道找出一个他应当忠于的、能致一统定八方的"大君"呢？有人说，为保持知识分子的气节和清名，冯道应当走"隐居"之路。不错，历史上确有隐居者，也有隐居后有所建树者。但自朱元璋创造了"不为君用"就有灭族罪的法律后，隐居者还能有隐身之处吗？声名显赫的冯道，即使能够隐居，这对处于水深火热中的广大民众，对惨遭战火破坏的国家元气、民族文化又能有什么帮助？评价历史人物，还是用马克思主义的历史唯物主义观点作标准为好，那就是看在当时历史条件下，他对国家、对民众、对社会有何贡献以及贡献的大小与多少等。

第八章　名医张元素

刘锦珍、张华评

张元素，字洁古，易县军士村（今良岗镇水口村）人。金代著名医学家、"易水学派"之祖。

张元素自小聪明好学，8岁即应童子试，27岁应试经义进士。因犯讳而落选，于是便专心学医。他虚心研究学习古代的医学理论，但却不拘泥于古方。如他提出"运气不齐，古今异诡，古方新病，不相能也"的观点，也正是在这种思想指导下，他灵活地吸收前人的经验，再结合自己数十年的临床实践，不断总结，而有了新的建树。

张元素，善治伤寒。一次，中医"河间学派"之祖、"金元四大家"之一的名医刘完素，因害伤寒已8天不能进食，张元素便前去看望。谁知，刘完素却因为张元素没有名气而看不起他，转脸面向墙壁。张对此全不在意，细心为其诊脉。张元素诊脉后，指出了刘完素用药不当之处。刘完素听后对其医术大加赞赏，也改变了对他的态度。刘完素按张元素的处方服药后，病很快就好了。从此，张元素名声大震。后来竟独成一家体系，形成"易水学派"。

以张元素为首的易水学派，主要研究脏腑疾病的辨证施治。其办法就是，根据病情发展所处阶段的临床症状、原因，首先辨清脏腑寒热虚实的程度，有针对性地提出治疗办法，并兼顾各脏腑之间的联系与作用。如对肝病，他首先提出肝脏的正常生理，然后列述肝脏在各种不同病理情况下的变化及发展，进而定出较标准的药物和处方。其他脏腑也大致如此。这种看病方法既有理论，又有实践经验。而他的遣药疗病处方理论则是：在中医学上，把寒热温凉看作药的气，把酸苦辛咸甘看作药的味，气与味合，而成药性，也就是药效作用的根本所在。张元素认为，各种药物的气味厚薄是不相同的。从这个观点出发，他把药物诸品分为了五大类；他还发明了药物归经之说，取各药性之长，使他们各归其经。如同一泻药，有泻肝火的，有泻肺火的等等。在这个基础上，张元素又拟定了制方的原则，共分"风、湿、暑、燥、寒"五种制法，以什么特性的药，治什么症候的病，以相生相克的关系，说明疗病的原理。

张元素不但医术好，而且医德高尚，尤其是关注民间百姓的疾苦。他所在村子里有一位张大爷，年轻时身强体壮，力大无比，人送外号"张老大"。但不幸的是刚到中年，就得了顽症，二十多年一直饱受病痛的折磨，他甚至不敢奢望自己的病能治好。张元素主动找上门，帮他煎药，指导服药。渐渐地，张大爷的病情有所好转，这样，过了半年多就能下地干活了。不满一年，病就全好了。张老大欣喜若狂，为了感谢张元素，他把积攒了多年的几吊铜钱都捧了出来，张元素却分文不取。消息不胫而走，一传十，十传百，慕名上门就医的患者越来越多。而经他治疗后，一个个也都满怀感谢而去。

张元素治病用药从不生搬硬套，而是辨证施治，具体情况具体对待，善于创新。他不仅治愈了数以万计的疑难杂症患者，而且为后人留下了颇有借鉴价值的医学著作《医学启源》、《珍珠囊药性赋》、《药注难经》、《洁古本草》及《医方》等，同时他也成为人们仰慕的一代名医，开创了中国医学的一大学派——易水学派。

第九章　阿部规秀之死

贾延清、蔺友仁

1939年11月7日，我抗日军民在易县、涞源交界处黄土岭击毙了日本最高侵华中将——阿部规秀。日本《朝日新闻》为此刊文：名将之花凋谢在太行山上。

日本侵华"蒙疆驻屯军"最高司令兼独立混成二旅团长阿部规秀中将，最善于山地游击战，被日本誉为"名将之花"。

1939年11月3日，日军进犯涞源雁宿崖全军覆没后，阿部规秀恼羞成怒，于11月4日倾张家口之兵力千余人，出动数百辆卡车，亲自率领，急驰涞源，进行报复性扫荡，企图消灭我八路军主力。据此，华北军区司令员聂荣臻指示："再给敌人一个下马威！""让日军领略领略毛主席的革命游击战争的战略战术"，决定再打一次伏击战。指挥部设在中易水河北岸，具体作战方案是：以三支队诱敌东进；在黄土岭，我军集中一、二、三、二十、二十五团和炮兵连，占据有利地形；120师特务团也从神南北上参战。11月5日，1000多日军向涞源白石山进犯，曾雍雅与之交战，采取了诱敌深入的办法，将日军诱至伏击圈。11月6日，阿部规秀亲率1500多人，进入黄土岭一线。此时，军区一团和二十五团在易县寨头、墨斗店一带集结，三团和特务团占领了黄土岭及上庄以南的高山，二团则绕至黄土岭西北，尾随敌后前进，形成了对日军的包围态势。11月7日拂晓，日军进至寨头附近，指挥部设在寨头村西、孤零零的一农家院内。我军区三团和特务团迅速占领了黄土岭，封锁了日军的退路。战斗打响后，各路迅速出击，把日军团团围住，压缩在上庄子附近二公里长、宽仅几十米的山沟里。日军抢占了上庄子西北山头，阿部规秀在寨头村西农家孤院中指挥日军作战，妄图凭借雄厚的兵力跳出包围圈，结果遭到了一团和二十五团的坚决反击。日军无奈又调头向黄土岭突围，守在此处的八路军特务团、二团把口袋紧紧扎住，逼日军步步后撤。

战斗进行得异常激烈。11月7日下午6时许，阿部规秀在寨头村西上庄子的农家小院里被我军迫击炮击中毙命。新指挥官绿川纯治大佐疯狂地指挥日军突围，组织了十几次的冲锋，结果均被堵回，到8日晨时已被击毙900多人。随后日军派了5架飞机以及7个指挥官维持黄土岭残局，并调灵丘、涞源、唐县、完县（今顺平县）、满城、易县的日军，分五路向黄土岭增援。八路军遵照军区的指示，主动撤离黄土岭，跳到外线，转入积极的反"扫荡"斗争。

在这次黄土岭战役中，当地老百姓全部被动员起来，支援八路军作战的民兵们组成了担架队到火线抢运伤员，而妇女们则把热气腾腾的窝窝头、开水送到前线慰问八路军。这次战役，共歼灭日军1000余人，俘日军7人，缴获军用物资一部分，战马200余匹。击毙日本侵华中将指挥官，这也是中国抗战以来的第一次。此次战役，全国人民欢欣鼓舞，也使日本朝野为之震动。日本《朝日新闻》连续三天通栏标题都是《名将之花凋谢在太行山上》，并说：自从皇军成立以来，中将级将领的牺牲是没有这样的先例的。

第十章　狼牙山五壮士

贾延清

壁立千仞的狼牙山顶峰，傲然挺立着巍巍白塔直插云霄，这是为纪念著名的抗日英雄群体——狼牙山五壮士而建的纪念塔。塔下半山腰是狼牙山五壮士纪念馆，每年都有近百万人来这里瞻仰。而因为狼牙山五壮士的故事家喻户晓，狼牙山也已成为全国爱国主义教育基地和著名的旅游胜地。

狼牙山五壮士纪念塔

1941年秋季，日本华北司令冈村宁次集中五个师团、两个旅团和伪军共计7万多人，开始了以北岳区和狼牙山地区为重点的"铁壁合围"、"梳篦扫荡"，妄图消灭中国共产党领导下的晋察冀边区的领导机关和主力部队。8月23日，日军以数路包围一分区领导机关驻地狼牙山下的北娄山、周庄一带。8月24日，分区机关开始转移。易县、定兴、徐水、满城的党政机关及县属支队，还有狼牙山附近居民近两万余人进入狼牙山。敌人在飞机掩护下进入南、北娄山村，却发现一个老百姓也没有，使其"铁壁合围"的美梦破灭。当时一分区大部队去保卫晋察冀军区机关，留下三团、二十五团在狼牙山周围与敌人周旋，不断袭击敌人。时至9月23日，日军第110师团，即察木师团的两个联队，配有炮兵和伪军，大约5000多人，另有骡马兵夫千余人，从易县境内的金坡、良岗、管头、塘湖等地，分四路"扫荡"、围攻狼牙山。负责狼牙山区后方机关及群众保卫与转移的一团七连，与敌人周旋了28天后，于9月23日登上狼牙山，一团团长邱蔚因病未去阜平参战，留在这里指挥七连作战。连长刘福山将指挥所设在老君堂，指导员蔡展鹏负责保卫蚕姑坨，七班守护棋盘坨。

从24日拂晓起，日伪军5000多人连续对狼牙山实施炮击与进攻，均被击退。为避免损失和保护近两万多群众，分区司令员杨成武得知团长邱蔚的情况报告后，命令驻扎在狼牙山西南的岭西、隘刹、东西武家庄、张家庄、刘家台一带的三团、二十五团向北管头、裴庄、松山、甘河净一带的日军进攻，以调动狼牙山东北方向九连山和碾子台、沙岭子的敌人南下，给晋察冀军区地、县党政机关和人民群众突围闪出一个十多里长的缺口。杨成武指示一团团长邱蔚带领部队和游击队，掩护后方机关和群众于当夜突出重围。

24日下午3时，部队开始行动。三团、二十五团于黄昏后出击猛攻日军，日军伤亡惨重，顶不住了，认为我主力部队要吃掉他们。敌人的其他几个据点也纷纷告急。九连山、碾子台和雪趸岭的敌人急向北娄山方向救援，于是腾出了20余里的缺口。半夜时分，隐蔽在狼牙山里的四个县的县委政府、专署机关的干部和当地群众，在邱蔚团长的带领下，从蚕姑坨西边的盘坨路向牛岗、良岗一带转移。

三营七连将掩护最后转移时的任务交给了二排六班,当时六班只剩下5人,即班长马宝玉,副班长葛振林,战士宋学义、胡德林、胡福才。

9月25日清晨,500多名日军带领伪军向狼牙山总攻。他们误认为围住了我军主力,用大炮轰、用飞机炸。七连长刘福山、指导员蔡展鹏率领全连分兵把住隘口,与冲上来的敌人浴血苦战。守卫在棋盘坨的七连六班为了不暴露干部群众撤走的方向,一步一步把敌人引向了棋盘坨高峰上的绝路。马宝玉带领全班边打边退,先将日军引向东山口,经过短暂战斗,再引敌人翻过小横岭沿着羊肠小道退至棋盘坨。五壮士在棋盘坨阻击日伪军一个多小时,消灭日军四、五十人。接着,他们又巧妙地把敌人引向棋盘坨顶峰的牛角胡。牛角胡那里一连三个小山包,背后和两侧是陡峭的山坡,山坡下是望不见底的悬崖。在牛角胡,五壮士又打退敌人的四次进攻,消灭日伪军六、七十人。第五次进攻,敌人集中炮火猛轰,战斗异常惨烈,四周一片火海,葛振林的棉袄被烤着了。太阳偏西时,他们撤到了"万年灯"。这时子弹打完了,只剩下一颗手榴弹,数百敌人大喊"抓活的",五壮士把最后一颗手榴弹投向敌人,然后高喊着"打倒日本帝国主义"、"中国共产党万岁"的口号,纵身跳下了悬崖。马宝玉、胡德林、胡福才壮烈牺牲,葛振林、宋学义被树枝挂住,幸免于难。

爬上悬崖的日军看到如此壮烈的场景不由得目瞪口呆,他们整齐地排成几行向五壮士跳崖处,恭恭敬敬地三鞠躬。这时的所谓"皇军武士"终于发现:与500多日军在狼牙山山谷整整激战了一天的八路军,仅有5人。在震惊之余,他们也完全被中华五壮士捐躯殉国的、大无畏的牺牲精神给折服了:撼山易,撼八路军难!

狼牙山五壮士的英雄事迹,很快传遍了晋察冀边区及各抗日根据地。聂荣臻司令员特别题词:"视死如归本革命军人应有精神,宁死不屈乃燕赵英雄光荣传统。"

第十一章 《国共演义》作者沈鸿信

张洪印

2011年新年伊始，鸿篇巨著《国共演义》问世。这是我国出版的第一部以国民党、共产党关系为背景的纪实性通俗历史作品，真实地记述了自辛亥革命以来至1949年中国历史上所有的重大事件，并刻画了数百位历史人物，全景观、多侧面、立体地反映了这段威武雄壮、波澜壮阔的历史。

该书有四个特点：一是历史真实。作者对国共两党及其历史人物力求客观真实、不简单化、不公式化、不漫画化，读者在文学享受的同时，能够对历史事件、历史人物有更深刻的了解。二是叙述形象。该书是历史题材，作者力求把抽象的、静态的历史事件化作具体的、动态的、形象的人物活动，以重大事件为背景，把政治斗争、军事斗争、党派斗争、党内斗争的双方融为一体，塑造了毛泽东、孙中山、陈独秀、李大钊、周恩来、朱德、刘少奇、廖仲恺、张学良、蒋介石、冯玉祥、汪精卫、张作霖、段祺瑞、吴佩孚、陈炯明等数以百计的真实人物形象。千人千面，栩栩如生，而非简单的政治脸谱。三是逻辑严谨。面对既遥远又贴近，既清楚又迷蒙的历史宫殿，本书以毛泽东、孙中山、蒋介石等人物为重点，既抓住了历史的本质，又做到了脉络清楚。在结构和内容安排上，布局合理，前后衔接，情节连贯，详略有致，能够引领读者走进历史之宫殿，身历其境。四是语言生动。作者适当使用一些文言文，贴切自然，简洁洗练，生动流畅，既有用白描的手法写人写事，又偶有写情写境。

而该书作者沈鸿信正是易县人，他1951年出生于梁格庄镇南石门村。1963

年在易县中学上初中，1969年2月参加中国人民解放军，先后在空降兵某部任战士、文书、班长、司务长、场站政治处干部、军宣传处副处长，1988年转业到国家审计署驻武汉特派员办事处工作，先后任人教处副处长、行政事业审计处长、固定资产审计处长。大专学历，具有经济师、高级审计师资质。

2011年1月8日，作者做客人民网。主持人询问作者，为什么想起写一部这样的书。沈鸿信回答：我生在革命老区易县，从小就听革命故事，受到老一辈人的熏陶，很想看到革命事件的小说。但是没有，所以就萌生了写书的想法。历时7年，终于完成了心愿。

易县是文化资源大县，物华天宝，人杰地灵，涌现出了很多文化名人。《国共演义》一书的面世，是继易县籍作家寒风作品后的又一力作，是可喜可贺的。

第十二章　红色将领

李文通

（一）与刘志丹齐名的唐澍

唐澍，1903年出生于易县南贾庄，曾参加了反对迫害学生的保定"二师学潮"。后入黄埔军校第一期，加入中国共产党，是毛泽东主持的广州农民运动讲习所教员。1928年他与刘志丹等一起领导了渭（南）华（县）起义，成立了西北工农革命军，刘志丹任军委主席，唐澍任前敌总指挥。自此，南起秦岭、北至渭南的广大地区，纷纷建立起了苏维埃红色政权，形成了武装割据的局面。同年7月1日，唐澍率队突围时牺牲，年仅25岁。

（二）毛泽东的"大警卫员"白志文

白志文，1903年出生于易县龙泉庄一个八旗子弟家庭，满族，镶白旗。土地革命时期，曾参加湖北大冶暴动，后编入中国工农红军，同年加入中国共产党。先后任红十五军团副师长、陕北独立师师长。抗日战争时期，任八路军留守兵团警备团长、两延河防司令部副司令员，被毛泽东称为"大警卫员"。

解放战争时期，任北岳军区第一、第三军分区副司令员兼后勤司令。解放后担任河北省军区副司令员、全国政协委员。1955年被授予少将军衔。

(三) 在易县工作最久的名将杨成武

抗日战争爆发后,杨成武任八路军第115师独立团团长,率部队来到易县,揭开了冀西抗战的序幕。后来独立团扩编为八路军独立第一师,杨成武任师长。期间,他率部收复了涞源、广灵、蔚县等7城。在易县指挥了黄土岭等著名战役,并率领部队击毙了日本著名山地游击战专家阿部规秀。抗日战争后期,杨成武任冀中军区司令员,率部参加了抗击日军的"五路合击"和百团大战。抗日战争结束后,杨成武任冀中纵队司令员。他的夫人赵志珍是易县西古县村人,女儿杨易生就是在易县所生。新中国成立后,杨成武曾授上将军衔,曾任中国人民解放军代总参谋长,是在易县工作最久的著名将军。

第十三章　重要缴获

李文通

大龙华位于易县城西 20 公里处,距著名的紫荆关 15 公里,战略地位十分重要。

在抗日战争时期,我抗日军民为斩断日军补给线,于 1949 年 5 月 18 日夜,八路军杨成武将军率领部队包围了大龙华,歼敌 400 多人。这次战斗,缴获的物品中有两大铁箱文件,内有日本最高层的核心机密文件。纪律严明的作战部队立即将文件全部上缴。这些核心机密文件被送到延安后,成为党中央和八路军制定与完善对日作战方针的重要依据,被毛泽东称赞为"比缴获敌人几百条枪和几十门大炮还大的胜利"。

第十四章　爱民模范谢臣

李文通

谢臣，1940 年出生于易县西水冶村，1960 年 3 月入伍。生前是中国人民解放军原驻保定某部战士。在 1963 年 8 月的抗洪抢险中，为抢救驻地人民群众的生命财产而光荣牺牲，时年 23 岁。1964 年被国防部授予"爱民模范"称号。

第十五章　军旅作家寒风

李文通

寒风原名李运平，1918年出生于易县西陵镇晓新村，祖上是守护西陵的八旗都统。"卢沟桥事变"后，李运平取"风萧萧兮易水寒，壮士一去兮不复返"诗句，改名寒风。1939年参加山西"绝死纵队"，后编入129师陈赓部队，入党并任团教育股长。

从抗日战争到解放战争，寒风出生入死，奋勇当先，在做好新闻报道的同时，开始文学创作，其短篇小说《党和生命》仅在重庆就再版24次。抗美援朝时，寒风参加了以巴金为团长的作家代表团，在朝鲜战场采访5个月。回国后，写出了40万字的长篇小说《东线》，这是西南军区的第一部长篇巨著。1978年后，相继完成了长篇小说《淮海大战》、《上党之战》、《中原夺鹿》、《战将陈赓》等。陈赓大将说："要了解二野的历史吗？看寒风的作品吧，他都写了。"

第十六章　作曲家唐诃

常景亮

　　唐诃，河北易县梁各庄人。1922年9月9日（农历）出生于教师家庭，祖父、父亲、舅父都是教师。15岁参加八路军，并考入"干部训练所"。毕业后，被分配到八路军某剧社任歌舞队长。1939年，被分配到步兵团任宣传队长、文化干部、连队指导员等职。18岁时写了他的第一首歌——《七七之歌》。唐诃的音乐才华因此而被发现，于是进入了晋察冀军区二分区的七月剧社，开始从事正规的音乐学习和创作。1946年部队改编为66军，剧社更名为军区文工团。1952年进入华北军区政治部文工团（后更名为北京军区战友文工团）。唐诃在这个著名的文艺团体担任作曲和领导职务，曾先后任副团长和中国音乐家协会常务理事。

　　唐诃是一位国宝级的作曲家。他从1940年开始音乐创作，在历经70年的音乐创作中，为祖国和人民奉献了2000多首音乐作品，其中包括音乐、史诗、器乐曲、歌剧、舞剧及影视作品。各地出版社先后出版了《唐诃歌曲精选》、《歌曲创作漫谈》、《歌曲创作讲座》、《唐诃散文集》、《唐诃行书册》以及作品单行本等数十种。战争年代其创作的《翻身不忘共产党》、《边区好》等歌曲曾被广泛传唱。新中国成立后，他深入基层、深入生活，制作了《在村外小河旁》、《众手浇开幸福花》、《老房东查铺》等流传甚广的歌曲。20世纪60年代，唐诃参与主创了史诗巨作《长征组歌》。改革开放初期，为电影《甜蜜的事业》创作的插曲《我们的生活充满阳光》和为电影《红牡丹》创作的插曲《牡丹之歌》深受广大群众喜爱。

唐诃多才多艺，对多种乐器都有研究，对书法更是偏爱有加。唐诃的"音乐书法"作品曾传到日本、美国、新加坡等国家和地区，并被收入《中国百名艺术家书画册》、《中国书画撷英》（香港）、《中华传世书画鉴赏》等专集中。

唐诃曾获多种荣誉。1955年，中共中央军委授予其三级独立自由勋章和三级解放勋章，2003年，中国文联授予其中国音乐界最高奖项"终身荣誉勋章"（金钟奖）。

第十七章 著名书法家

贾延清

历史上从易县走出的书法大家很多，他们杰出的书法艺术影响了一代又一代人。今择近代几例，予以介绍。

（一）台湾最著名书法家王壮为

王壮为，本名洗礼，字以行，晚年号渐斋。1909年生于河北易县娄山，1929年入北平私立京华艺专学画，后随远征军入缅甸同日军作战。1949年去台湾，历任国民党行政院专员、参议，总统府专员，总统府、副总统府机要秘书，国立故宫博物馆委员，国立故宫博物馆顾问，中华学术院书学研究所所长，以及国立师范大学、中国文化大学教授等职，惟其兴趣、研究及造诣皆在艺文方面，成就斐然。台湾艺术界人士将王壮为与张大千、溥心畬、黄君璧相提并称。

王壮为6岁学书，12岁学篆刻，皆由其父义彬指教。启蒙习字，初临唐颜真卿《多宝塔碑》，渐学柳公权《玄秘塔碑》、北朝数碑，王羲之父子行草书，初唐欧褚数碑，于褚书用力为多。50岁后，行草书风格，大略综合晋唐数家而成。60岁后，更致力于近年发现之周秦原绩。1970年起，大陆发掘的马王堆简帛书、山西侯马盟书以及20世纪40年代出土的楚缯书等文物上的手写古体字迹传入台湾，他潜心研究，从中汲取营养，这使得他在65岁之后，书风为之大变，由华美慓悍转向遒劲、沉厚，质朴自然。并将楚缯书、侯马盟书、帛书《老子》等从中摘取文字，集为联语，皆前代及并时书家之所未为。篆刻初学赵挥叔，继涉黄牧甫、吴昌硕，又博采金石甲骨，精之奇肆，不专一体，自具格调。

王壮为擅长多种书体，晚年篆书佳作《王弇洲法书苑序》（80岁作）和集侯马盟书五言联（"半窗古梅月，一湖楚秋柳"81岁作），结字紧密，多用类笔，显出一派劲秀活泼气。王壮为最有成就的行草书，如《陆游入蜀记节本》（74岁作）、《柳辰笔墨》（84岁）是他晚年的代表作。

王壮为还是长期艺术创作实践的理论家，凡举书理、书史、书绩、书人均有所研究。他的理论与创作起着互促共进的作用，出版的《书法丛谈》、《书法研究》、《书法讲话》等在台湾和大陆均颇有影响。

（二）北京书法研究社社长陈云诰

陈云诰（1877—1965），号紫纶，又名蛰庐，河北易县人。1877年10月6日生，书法家，擅诗词。前清翰林，任翰林编修。辛亥革命后未出任公职，靠鬻文卖字为生。1951年7月被聘为中央文史研究馆馆员。曾任北京市政协委员、中国书法研究社社长。1965年1月5日病故，终年88岁。

陈云诰书法造诣精深，善楷书、行书，结体苍健雄壮，古朴庄重，将魏碑的某些特征融于颜书，而形成自己的艺术风格，蜚誉书坛。

录于《中国馆员录》

陈云诰

（三）红罗山人李葆恂

李葆恂（1859—1915），原名恂，字宝卿，号文石，更号叔默，戒庵猛庵，别号红罗山人。50岁后号熙怡叟。辛亥（1911年）复改名理，字寒石，号凫翁，又称孤笑老人。直隶易县人。鹤年之子。5岁，即能作壁窠书，9岁能属文，精鉴赏，为端方所重，题跋其所收藏之古文物 300 余篇，工诗善书，贯古人，自成一家。此外，天文舆地绘书词典无不究。辛亥革命（1911 年）后避居天津，旋病卒。著述极多，著有《无益有益斋读书诗》、《偶园（一作海王村）所见书画录》、《梵天庐丛录》、《工余谈艺》。

录于《中国美术家人名词典》

第十八章　蔡英伟

贾延清

在易水河南岸,易县、徐水交界处有一小山,名曰黄山。古称黄帝山,因黄帝战蚩尤曾率部驻扎过这里而得名。后称黄龙山。山上长满牡丹花,古人有"易水河畔秋声远,黄龙山上牡丹鲜"的动人诗句。公元604年,隋炀帝杨广即位,建都洛阳,易州刺史挖20箱各色牡丹运往洛阳,献给杨广,深得隋炀帝欢心。所以全国有名的洛阳牡丹其实是源于易县的。

在黄山脚下有一个村庄,称黄山村,蔡英伟就土生土长在这个村庄里。他家祖祖辈辈靠养蜂生活。父亲告诉他:他爷爷的爷爷都靠养蜂过活,至少有100多年历史。传到他手上,他不甘心停在老祖宗的养蜂水平上,认为只有开发出高质量的巢础,养蜂业才能大发展。于是,他刻苦学习,攻读了大专。还专门到北京找相关专家请教。这样经过不懈努力,他终于开发出了巢础新产品。2001年,在全国蜂产品展览会上,面对琳琅满目的各色产品的激烈竞争,与会的专家评委们产生了不同的的意见。最后有人提出:我们开发的巢础是为蜜蜂服务的,哪个产品好,蜜蜂最清楚,我们拿不准,就让蜜蜂决定吧!于是,各商家都把自己的产品一字摆开,蜜蜂放出后,飞了一圈都落到了蔡英伟开发的巢础产品上。就这样,"巢础大王"的桂冠落在了蔡英伟的头上。

韩国是亚洲蜂产品大国,他们对中国的蜂产品一向都有微辞。后来,听说了蔡英伟的事情,于是半信半疑地亲自到蔡英伟的厂里察看。结果,韩国老板大吃一惊,赞叹之余,开价10万美元要买下蔡英伟的专利,被蔡英伟婉言谢绝了。

螨虫是养蜂业的大敌，虽也有成功高效的防治办法，但必须要有人时时细心提防，而且还要积累经验与办法，所以费时费力成本很高，稍有不慎，就会造成严重的损失。蔡英伟想，如果开发一种不长螨虫的巢础不是更好吗？于是，他又开始行动了。最后，他成功了。随后，他又进行了一系列改革，使其生产的巢础不变形、无污染、产卵快，受到了国内用户的热烈欢迎。

巢础大王的美名，使蔡英伟的生意越来越红火，尤其是国外订单涉及到18个国家和地区。全厂开足马力，20天才能完成一个集装箱，而这远不能满足对外出口的需要。于是，他又投资数千万元，更新设备，建起占地100多亩的新产品研发中心。现在生产一个集装箱连7天都用不了。

第十九章 张保军

贾延清

绞胎陶瓷，亦称"绞胎"、"搅胎瓷"、"透花瓷"。《中国陶瓷史》载："所谓绞胎，是用白褐两种色调的瓷土相间糅合在一起，然后拉坯成形。胎上即具有白褐相间的类似木纹的纹理，这种纹理变化多端，上釉焙烧即成绞胎陶瓷。它是唐代陶瓷业中的一个新工艺，唐以前尚未出现过。"

内外通透　表里如一

唐代陶瓷装饰有三大突破：绞胎、唐三彩和湖南长沙窑的"釉下彩绘"。绞胎居三大突破之首，它不仅属于一种新工艺，其产品也非常珍贵，故宫博物馆有珍藏，也有作品流传到国外。河南、陕西唐代古墓中曾有过出土。然而自从宋朝"靖康之变"此项工艺失传后，历朝历代都曾有人力图恢复，甚至日本也曾做过研制，但均因难度太大，以失败告终。

1986年毕业于中央工艺美术学院陶瓷系的张保军，辞去铁饭碗，放弃进大学任教的机会，一心扑在绞胎陶瓷的研创上，并创立了"保军绞胎陶艺有限公司"。经过20多年的潜心研究与探索，不仅使绞胎陶瓷得以恢复，重放异彩，而且以非凡的创新与丰硕的成果，使我国的绞胎陶瓷艺术达到一个崭新的境界。以清华大学美术学院副院长、陶瓷艺术系博士生导师杨永善为首的专家组经过认真考察得出结论：张保军应该说是中国近代之后，甚至是宋代之后近千年来有所创新和突破的陶瓷艺术家。20多年来他不仅创造了一系列风格和技法迥异的绞胎艺术品，使人们真切地看到了绞胎陶瓷惊人的艺术表现力，同时还发明了一系列奇特的陶瓷工艺技术和各种工具设备，而正因于此，未来有可能将中国陶瓷技术引入——"绞胎时代"。

黄河畅想曲

引入"绞胎时代",这震天撼地的评价,源于张保军绞胎艺术杰出的"原创性":

1. 好的绞胎艺术之所以受到人们的赏识,不仅在于其表面的艺术效果独特新颖,还在于其表里如一的品格特征。唐宋绞胎多为木纹或乱纹,虽有少量团花装饰,但仅占胚胎厚度的三分之一。胎内没有花纹(见《中国陶瓷史》)。而张保军发明了绞胎陶瓷挖补装饰新工艺,不仅使其花纹新颖独特,而且表里如一,全部通透,这改变了传统绞胎花团类装饰靠表面镶嵌的工艺,使产品更加丰富多彩。

2. 创立了生产点、线、面、虚、实以及各种花纹图案制作的一系列绞胎工艺新技术,极大地拓展了绞胎陶瓷的艺术表现力,展现了绞胎工艺的巨大潜力,为绞胎陶瓷奠定了广阔的发展空间。

3. 保军绞胎陶艺视觉效果和古今中外所有陶瓷的区别明显,其艺术效果独到:每一件作品都有不同的纹理特色,其纹理结构只有相似,没有相同;其色彩变化与纹理结构相适应,形成鲜明的艺术风格,在陶瓷产品中独树一帜;同时,内含大量的陶瓷界难以破解的保密技术,使其具有极强的避仿性。这种独特的艺术风格与极强的避仿性相统一是保军绞胎陶艺区别于其他陶艺的显著标志。

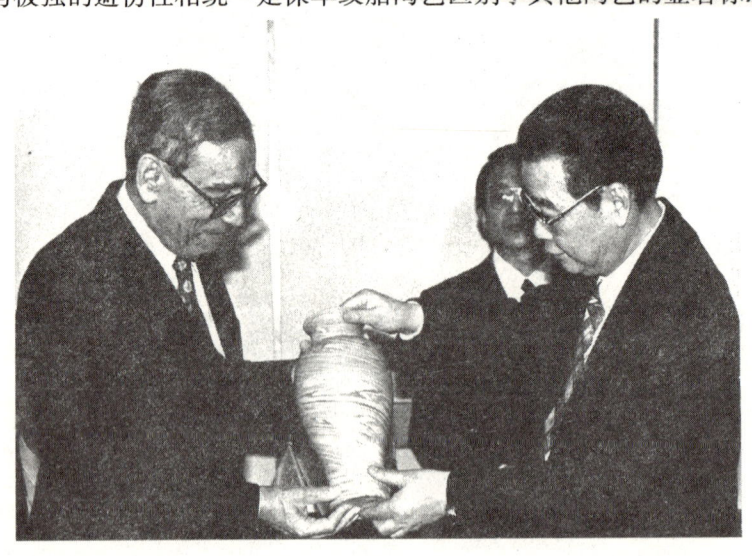

李鹏总理向联合国秘书长加利赠送绞胎作品

4. 张保军经过近30年反复对各种陶瓷原料配方的调查，对与不同配方相适应的加工方式以及各种工具设备的改进和发明，较好地解决了绞胎陶瓷在生产中易开裂、变形和形器表面因花纹产生的凹凸不平以及花纹单调、呆板等难题，为绞胎开辟了抽象、变形、会意、花卉、风景等绞胎艺术创造的新领域。不仅保留了传统绞胎的艺术特色，而且在其基础上进行了淋漓尽致的发挥，这是陶瓷技术与艺术的完美结合，使得绞胎陶瓷纹路技术更加成熟，色彩糅合更加奇巧，纹理与图案更具亦真亦幻、变化无穷的感染力，看起来更加令人赏心悦目，并且结束了陶瓷艺术界"万众一心玩釉子"的历史，为陶瓷业的做大做强形成了一整套的工艺技术组合，被人们誉为"保军工艺法"。

5. 利用当地资源，不仅研制开发和完善了低温（1100℃）的绞胎陶艺的生产，还研究成功了高温（1250℃）的绞胎陶瓷的生产。

6. 张保军开创的绞胎陶艺，不仅满足了社会各界的广泛需要，并被国家作为国礼用来赠送国际友人。

张保军的绞胎陶艺，受到社会各界的广泛重视和支持。新华社、人民日报、光明日报、中央电台、中央电视台、祥康电视台、台湾电视台等多家媒体先后进行过200多次报道。其文字作品《避仿性与艺术》、《论当代绞胎陶瓷艺术的转型与取向》、《论绞胎陶瓷艺术中纹理与图案的形式美》、《对中国当代绞胎陶艺现状的思考》、《情铸绞胎陶艺》、《表里如一、内外兼修》等论文先后被《陶瓷科学与技术》、《艺术设计研究》、《当代中国画》、《美术大观》、《中国信息报》等刊物发表。2005年张保军被聘为清华大学美术学院客座教授；2006年，其被列为河北省非物质文化遗产传承人。清华大学美术学院教授、原陶瓷艺术系主任、多年来参与人民币设计的陈若菊女士说："新中国成立以来，历史上许多中断停制的陶瓷名窑都相继得以恢复，这当然是好事。但几十年来几乎一直停留或满足于恢复和仿古，很难见到真正意义上的创新工作，而似曾相识的陶瓷作品比比皆是。这就艺术而言应该说是不幸的，因为艺术的生命在于创新，一味的仿造将会使人厌倦，创新固然是困难的，而缺乏创新终将会被时代所抛弃。"

"张保军的可贵之处在于：自大学毕业26年来，一直脚踏实地地探索实验，并创作了一系列具有原创性的绞胎艺术作品，令人耳目一新。而他的艰苦创业、勇于创新的精神，正是我们这个时代应该提倡的。"

清华大学专家与张保军合影

第四篇　风情易县

第一章　民间文艺

贾延清、蔺友仁

易县民间文艺活动丰富、厚重，历史悠久，且具有非凡的生命力。

（一）品种繁多，是易县民间文艺活动丰富多彩的重要标志

1. 戏剧。易县民间戏剧有昆曲（又称高腔）、丝弦、老调、晋剧、哈哈腔、河北梆子、京剧、上斯调、横岐调、崩板、评剧、大秧歌、莲花落子、弦子腔、喇叭腔、歌剧、快板剧、坐台腔、皮影戏、舞剧、话剧，多达21种，其中比较多的是河北梆子、京剧、评剧、晋剧等。这些戏剧以农村戏班的形式遍布全县，最多时达100多个。

2. 音乐会。易县音乐会非常多，除传统的南乐会、北乐会外，还有各种名目的音乐会，如金花圣会、吵子会等，遍及全县100多个村。

3. 各种花会。如秧歌会、腰鼓会、昆腔会、同乐会、挑骄会、竹马会、大头娃娃会、牛斗虎会、大平车会、旱船会、神州会、西游圣会、五虎会、钟幡会、十幡会、大鼓会、花灯会、龙灯会、清西陵摆字龙灯会、舞龙会、狮子会、歌舞会等20多种。

4. 与各种体育练武相结合的会，如钢叉会、武术会、少林会、高跷会、小高跷会、大刀会、小刀会、孟（良）焦（赞）比武会、杆子会等十多种。

5. 与民族宗教活动相结合的会，如佛事会、驾会、法会、水族斗法会等。

还有书法、绘画、摄影、舞蹈等多种活动。如果细分，可达近百种。这些品

种繁多的民间艺术，几乎囊括了中国北方民间文化的大多数品种，丰富多彩的程度可见一斑。不仅如此，许多村子里还有戏台、戏棚或戏楼，作为这些活动的舞台。全县469个村，大多数村都有一到多种民间文艺社团，普及率之高在全国也是不多见的。

（二）内容健康向上，厚重深远

这主要表现在三个方面：

一是以自愿为原则的主动参与，自娱自乐，特色鲜明。

二是所有民间文艺活动内容，都围绕一个不成文的主题——具体行为上要求天下为公、包容和谐、尊贤重义、敬业、爱国爱家以及富贵不能淫、贫贱不能移、威武不能屈等做人准则，引导人们健康向上，形成易县特有的民风。这种民风，也是中华民族浩然正气的主要组成部分。如《荆轲刺秦》、《岳飞》、《桃园三结义》等都是教人们崇尚学习英雄豪杰的，《小姑贤》等剧目则是教人们追求美满爱情、和谐相处的美好生活等等。

三是服务面广。史料记载，黄帝在后山称帝，燕国在易县建燕下都，四个朝代在易县设郡府，清朝皇陵设在易县，以后又设州、县。这种丰厚的历史，使易县的民间文化不但有皇家和社会高层喜欢的阳春白雪，还有广大群众喜闻乐见的下里巴人。如十幡会、摆字龙灯会、后山古乐等，都是宫廷文化传入民间演变而来的。还有介于阳春白雪与下里巴人之间的各种形态文艺，使得易县的民间文艺不仅百花齐放，而且百家争鸣、百家共存共荣，成为全国少有的民间文艺特色。

（三）悠久的历史传承是易县民间文艺的又一个突出特色

易县近百种的民间文艺活动，有的历史几十年、几百年，有的上千年，甚至数千年。如流井、双峰、樊村和涞水南高乐的古乐，其历史在四五千年。这类古乐，以五音为律，口头传承至今。我们把它称为后山古乐。南高乐古乐被河北省定为后山"黄帝祭祀音乐"，被国家定为"古乐之乡"，其历史近五千年。双峰古乐，当地人讲从舜帝传承至今。后山洪崖的黄帝庙相传由舜帝建，用来祭黄帝的。这些究竟有多少年的历史，已无法确切考证，但双峰村至今仍存的三棵古槐，两、三个人合抱都抱不过来，也可见其历史之久远。

纳西古乐是近年挖掘民间文化的产物，曾形成很大的影响。据业内人士讲，后山古乐比纳西古乐更为丰富厚重。如果进行类似包装，同样会在国内外引起巨大轰动。

（四）继承、融合与创作，是易县民间文艺长盛不衰的源泉

考古发掘证明，北福地文化是中国古代北方文明与山东文明融合的结果；七里庄文化是中国古代北方文明与中原文明融合的结晶。易县的民间文艺，既继承古代本地文明的历史，又吸收其他地域文明的精华，同时又与时俱进，创造着新的文明，使其具有更加鲜明的特色与强大的生命力。后山古乐既保持了古代黄帝祭祀音乐的本色，又不断吸取历史进程中庆典、自娱自乐等新鲜血液，使其口头传承至今。易县民间文艺的多样性，来源于不断吸取其他地域文艺的精华，以社会生活中的闪光点为基本素材的不断创作，从而使得易县民间文艺的生命力不断得到提高升华。道光年间，易州艺人"十二红"、王六等人以西亢各庄村赵家产生的矛盾作为题材，创作了梆子戏《对银环》，此戏在当时红遍全国；光绪26年（1900年）春，响应戒烟令，易州艺人"麻子红"（范信亭）自编自演的《烟鬼显魂》红极一时；易县文化部门自编自演的《扁担英雄》、《狼牙山五壮士》等曾大大鼓舞了抗日军民的斗志，并因此而获奖。

第二章 五大书院

贾宗仁、贾晓东、贾力东

易县历史悠久，文化底蕴深厚，是全国少有的文化资源大县之一。历史上的五大书院，就是易县文化资源大县的一个重要标志。

（一）凌云书院

据传，凌云书院位于易县今凌云册村，是今凌云册乡政府所在地。据《易县地名资料汇编》载："燕国曾于此建'凌云书院'，是太子丹读书之所。""凌云册"便由此得名。

春秋战国时期，是历史上的大变革时期，各诸侯国贵族为维护岌岌可危的统治，极力网罗人才，以巩固和扩大自己的势力。而网罗人才的手段之一就是"养士"，或称"食客"。最多的户"养士"达到三千多人，如孟尝君等。这些"士"包括"学士"、"策士"、"方士"（或称术士）等，甚至有"鸡鸣狗盗"之徒。由于这些"士"服务于不同的诸侯，同时又力求自己的主张能为诸侯所赏识，等成名后再周游列国去宣传自己的主张。所以，这个时期是我国历史上百花齐放、百家争鸣最活跃的时期。老子、孔子、墨子、庄子等诸子百家，都是在这个时期产生的。而这个时期所形成的理论、学说，对我国之后的政治、经济、文化、军事、外交等各个领域，都产生了巨大而深远的影响。

史料载："燕丹善养士。"在这个时期，凌云书院不仅是太子丹读书的地方，也是太子丹所养之士交流、切磋的场所。

（二）棠荫书院

据明《弘历易州志》、《乾隆志》载："棠荫书院旧址在易署东召公祠，御史张惟恕即光庆寺遗址建。清雍正五年，知州彭人瑛重建（乾隆志），后移县署东大街别建新院，明以前称五华书院。"

之所以称棠荫书院，是为了纪念燕国开国侯——召公奭。

明《保定府志·棠荫书院记》载："棠荫书院祀召公也。"武王克商，封召公奭于北燕。召公因在周初为相，兼做燕国侯。所以，平时燕国的工作就由他人主持，但召公奭在日理万机之时，仍不时抽空到燕国民间巡查。当地有棵海棠树，他就在树下断官司，理政事，不管是贵族还是平民，都公平公正地审理。召公去世后，民众怀念他的恩德，所以对他"现场办公"过的海棠树，都不忍心砍伐。并编了诗歌《甘棠》歌颂召公。后人还设书院，取名"棠荫"，以纪念这位不朽的政治家。

（三）莲花书院

《易州志稿》载："莲花书院在古易州城'靖远'门外，石桥偏北，即五龙池地。元时为龙池庙，明景泰四年（1453年），知州王铸疏之建书院数楹于上，乾隆辛巳知州黄可润捐奉修葺延师课士，复建有本亭。而新之俯临城壑，池种莲花，鱼虾并美。"

（四）寿阳书院

明《保定府志》载，寿阳书院在洪崖山流井里，由金国魏道明撰碑文，创于金大定初年。它也是儒教融入后山的重要标志。

后山是祖、佛、道、儒四位一体的圣地，寿阳书院初为儒教所建。在历史的长河中，主持后山庙活动的，时而为地方，时而为佛家，时而为道家。洪崖山寿阳书院也因此时盛时衰。除儒家外，佛、道两家也分别进住过寿阳书院。道教主政时，寿阳书院也曾称"寿阳观"。

（五）双峰书院

《易县志稿》载："在县西南五十里五公山双峰村，明末清初容城大儒孙奇逢避乱来易县讲学于此。后门人魏一鳌等就所居为双峰书院，并祀孙先生。"

孙奇逢，明末清初北方大儒。《清史列传》载："孙奇逢，字启泰，号钟元。生于明神宗万历十二年（1584年），卒于清圣祖康熙十四年（1675年），年92岁。少倜傥，好奇节，而内行笃修，万历二十八年（1600年）乡试，与鹿善继讲学一堂。左光斗、魏大中、周顺昌均与之善，以气节相尚。光斗等被珰祸，奇逢倾身营救，时与鹿善继、孙承宗称'范阳三烈士'。明末避乱入易县五公山，晚岁移居苏门之夏峰。从学者数百人。自明及清，前后凡十一征，均不起。"孙奇逢与黄宗羲、李颙并呼"三大儒"。学者称"夏峰先生"。道光中，从祀孔庙。奇逢为理学大家，著有《岁寒居文集》、《答问日谱》、《畿辅人物考》8卷、《中州人物考》、《理学宗传》26卷、《四书近档》、《圣学录》、《两大案录》、《甲申大难录》、《乙丙纪事》、《读易大旨》5卷、《尚书大旨》6卷、《诗经述指》、《理学传心纂要》8卷、《四书近指》20卷等30余种，著书颇丰。其理论对当时理学的发展颇有影响，有"清初理学大家"之称。

双峰书院始建于明崇祯十一年（1638年），历经沧桑，曾多次被修复。最后一次是光绪壬午年（1882年），是易州棠荫书院院长高赓恩先生主持修复的。详情见高赓恩著《双峰祠记》和《双峰书院启》。《双峰书院启》中曾这样写道："容城孙征君（孙奇逢）夫子，当国朝定鼎之初，身系道统数十年。一时，大儒多出斯，有弟子之目，北学渊源于是乎大。而我易人之渐渍教泽，大震儒风，则自双峰始。"可见当时双峰书院的影响之大！

明《保定府志》载："隰崇岱，字千里，尚勇子中信焉。学左光斗，视学直隶补诸生，与王余佑友善。孙奇逢避乱西山（双峰），集同人讲学，及迁苏门。崇岱、王余佑、魏一鳌等葺旧庐，为双峰书院，石记之。崇岱为河北大儒，孙奇逢作五子诗，崇岱其一也，惜其事迹，不概见，夏峰有酬，隰千里诗一章，足以观其为人。"诗曰：

夙昔闻君名，笔墨极奇峭。
相隔仅百里，未得接言笑。
今卧共城边，十年形影吊。
忽然枉芳讯，惊喜踰素料。
夜窗一再读，寒灯耿想照。
因忆口子游，与君皆年少。
同入有道藉，君高白雪调。
雁形断中天，鹤迹凌绝峤。
梦想已有年，君德亦称邵。
何时入深林，缥缈苏门啸。

录《畿辅先哲传》

孙奇逢为明大儒，明亡后，清廷征召他为官，孙不仕，因而后人称其为征君。他在双峰书院开馆授徒创办双峰书院，孙死后，他的学生在双峰村建衣冠冢，并刻墓志铭一通，以示纪念。双峰村孙奇逢征君祠堂联是：

挺生成一代名儒寄迹苏门吾道南征桃李遍
继起为两朝遗老泽流易水斯人北学梓桑同

值得庆幸的是，今双峰书院建筑尚存，格局未变，如修复重启，并非难事。

第四篇　风情易县

第三章　彰显中华魂的易水民风

贾力强

《易县志稿》曰:"男不惰游,女不治容,专务于农桑,感时触事则慷慨悲歌之念,犹然燕丹遗烈。""士轻生而尚义,有荆轲之风。"由此可知,易县民风之淳朴!而究其根源,乃"土厚泉甘人物产其间多实少浮"。淳厚质朴的民风是有其魂的,那就是天下为公、尊贤重义、爱国爱家。

易县这种淳厚、质朴有魂的民风,是中华民族精神的重要组成部分,也是易县人杰地灵的源泉。这种民风还造就了那些以百姓心为心的志士仁人赖以生存和施展才华的良好的政治生态环境。对于这些志士仁人,不管是执政者还是社会贤达,民众都会给予支持、爱护与尊重,使他们在这里能够如鱼得水地施展自己的才华和抱负。遇有大难,他们会轻生尚义、慷慨悲歌、勇往直前。"风萧萧兮易水寒,壮士一去兮不复还"的荆轲就是古代易水民风的典型代表;气壮山河、威震敌胆的狼牙山五壮士的精神更是近代易水民风的又一标志。而即便一时难以力挽狂澜,易县民众也会变换策略,暗中给予支持和保护,使易水成为志士仁人隐居避难之福地。

早在 2000 多年前,易水就有民谣曰:"燕南垂赵北际,中间不合大如砺,唯有此中可避世。"事实也确实如此。《太平御览》引《河北记》曰:"易县前有五公城。王谭不从王莽,谭子兴生五子,避隐于此,世祖并封为侯。"王谭为西汉北平侯,王莽拉拢他,他不从,携五子避乱于易县。后支持刘秀起兵。刘秀称帝后封王谭五子为五侯,长子兴才为北平侯,二子益才为安喜侯,三子显才为蒲阴侯，四子仲才为新市侯，五子季才为唐侯。后人为纪念他们，称其隐居的山为五公山（今易县富岗乡西北部山脉），称其居住过的地方为五公城，即今东西古县一带。

燕国重臣邹衍，是"阴阳五行说"和"大九州说"的创始人，燕昭王拜为老师，并让他负责燕国的农业。燕昭王去世后，邹衍失势，曾隐居于今流井乡建新村四十里长的大沟里。明末清初大儒孙奇逢为避时乱，也曾隐居于五公山下双峰村教书育人，而他居住的场所被后人称为"双峰书院"。

第四章　易州贡品

贾延清、蔺友仁

《现代汉语词典》解释说，古代臣民或属国献给皇帝的物品，称为贡品。易州物华天宝，人杰地灵，不仅创造了灿烂的文化，也出产许多珍贵的物品。其中有些成为了贡品，现摘择几例，予以介绍。

（一）贡绸贡丝

易州丝历来是向皇室进贡的贡品。《唐书地理志·易州》载："易州土贡绸。"明《弘历易州志》引《宋书地理志·易州》载："土贡素绸。"绸与绸均为丝织品。明《弘历易州志》还明确记载："自国朝八年后，岁贡丝84斤6两5钱，人丁丝17042两，易州仍有养蚕缫丝织帛业。"民国《易县志稿》载："易县南娄山村以织绢为主，出品甚佳。"雍正《畿辅志》载："黄白二种出易州者最著。"民国初期，易州曾设蚕桑学校，其校址就在今易县打井队所在地。新中国成立后，河北省林业厅在易县设"蚕桑研究所"（当地称蚕场），希望重振易县昔日养蚕业的辉煌。

（二）御用炭

易州自明朝天顺五年（1461年）始为宫廷生产生活用碳，称为"易州贡炭"。易州贡炭中，又以"御用大炭"和"红萝大炭"最为著名。易州炭火温高、无毒、无烟、无味、燃烧时间长，因此深受欢迎。但因用量大，朝廷特别派一尚书管理，并在易州城西北至紫荆关一带建衙、设场、筑库，常年生产、交割，押运不断。

据明《保定府志》载，"仅易州生产的御用红萝大炭每岁 50 万斤，因进用不敷，增加到 85 万斤。场户执批，出关采办。"郎中丘甫在部南隙地另立一场，堆积查验。责令次递运纳供应不误。当时生产贡炭组织十分严密，场内居民几千户，丘甫编为册籍，每 12 户为一甲，甲中有首，月一更换，从未发生任何差错。

（三）贡烟

易县有两种烟曾为清朝贡品：

1. 易州大叶烟。据《易县志》载，清乾隆年间易州大叶烟颇具名气，可与云南、关东大叶烟齐名。这种烟烟叶肥厚、阔大，油分充足，醇香味正，灰白火灵，劲大不呛，点燃不息。初采者为大烟，次采者为柳叶，被选为向清廷纳奉的贡品。上等好烟岁岁入清宫，自问世以来经久不衰。易县的种植面积最多时可达 50 余顷。

2. 易县柏林烟。柏林烟指易县城内龙兴观的烟田所采的烟叶。

龙兴观之东，文昌阁之北，文庙大成门外之泮池（旧时学宫前的水池）周围有上百株直径二、三尺粗以上的柏树。每年柏籽柏叶落地，被风刮进附近的烟畦里，渐渐腐朽如膏腴，成为活土的上好肥料。因此，烟田不施农家肥，靠柏籽柏叶做烟草养分，偶尔增施一些芝麻油渣饼就可以了。这种得天独厚的自然环境，也使得这里所产的烟叶气味芳香，柔和爽口，绝无呛燥之气。

柏林烟盛名于清西陵营建之初。满族人喜烟，来此施工和后来镇守西陵的八旗兵的满、蒙贵族，对柏林烟尤为赏识。于是柏林烟由西陵传入京都，由京都传至全国，成为炙手可热的烟中至宝，并被御封为"贡烟"。

柏林烟田仅几十亩，产量有限。除每年纳贡之外，余下的皆被直隶贵族垄断。为满足越来越大的市场需要，烟民仿照龙兴观烟田成因，施以芝麻油饼、柏叶等肥料，将烟田扩种到了县城四周。收购商把易州城周围数十里范围的烟叶统称为"易州柏林烟"。

（四）磨盘柿

易州磨盘柿栽培历史悠久，元代已初具规模，明代得到广泛推广。

磨盘柿适合背风向阳、土质肥厚的丘陵地区，主要分布于上陈驿、大龙华、奇峰庄、营房寺、墨斗店、双峰、大园、黄路园、盘神庙、码头、流井、南管头、康家庄、西娄山、步乐、石家统、北淇村、井尔峪、独乐、柏木井、八里庄、张天峪、西庄等，涉及易县20多个乡镇。

磨盘柿果实周正、个大，平均单果重250克，最大单果超过500克，直径10厘米。中间缢痕，果实扁圆，恰似磨盘。果皮橙红色，鲜艳光亮纯净，皮薄多汁。尤其是井尔峪和双峰产的柿果，其个硕大，汁清味美的特点，更为突出，闻名于周边地区。其果品含多种果糖、维生素和钙、磷、铁等多种微量元素。磨盘柿于霜降采摘，既可放软食用，也可脱涩后鲜食，口感甜脆，还可酿酒、制醋等。

磨盘柿成为贡品始于清朝。雍正帝陵在易县开建后，建陵者和后来的守陵者中的皇亲国戚，把井尔峪的磨盘柿带入皇宫，引起了皇家的重视，于是成为贡品。此外，还有另一种说法，说慈禧晚年牙口不济，磨盘柿柔软可口，甚得其喜爱，因此成为贡品。

第五章 雪 桃

贾延清

雪桃产于易县西南山区，后传入满城、定县等地，是一种不多见的优良晚熟品种。此桃开花、结果时间与普通桃树相同，唯有生长期长，果实到小雪时才成熟，故名雪桃。

雪桃的果实为圆形或椭圆形，果顶有小尖突出，合缝明显，果皮白色，两侧对称，果形周正美观。果肉细致乳白，汁液少，有芳香，半离核，品质好，易储存。常温下可存放40天左右，低温1－10℃可存放到第二年春天。其果实营养丰富，含有大量果糖、蛋白质、钙、磷、铁和多种维生素等。果形硕大，平均果重200克左右，最大单果重400克。

易县雪桃是岩古岭村果农赵振远于70多年前在狼牙山西部的山坡上发现移栽、并接穗传播的。40多年前他搬家到满城方顺桥一带，又把雪桃传到了满城。改革开放前夕其迁回到易县，又把雪桃带回易县。1957年，雪桃被河北省列为优良晚熟品种。河北农大园艺系、河北省农科院昌黎果树研究所、石家庄果树研究所先后接种保存。

第六章 上谷墨

贾延清

易县古为上谷。唐朝时期，易水人生产的墨被称为上谷墨。上谷墨品质甚佳，属墨中极品，曾多次进贡给宫廷和皇室所用。元代陶宗仪在《辍耕录》中记载，唐明皇抄写四书，每年供给抄书人使用的上谷墨竟达336丸。

隋唐时代，官方非常重视制墨，不仅设墨官，而且设墨厂。制墨的主要生产区域就在上谷易水（今易县一带）和上党（今山西长治）等地。其中，上谷易水制墨尤为突出，主要表现为：

一是当地所产原料精良。松烟是制墨的主要原料，上谷易水遍地优质松林，所产松烟甚佳，这是其它地方无法相比的。

二是在配方上，上谷易水制墨者在继承魏晋经验的基础上，有了创新。如加入珍珠、麝香等原料，这使得制墨在质量和比例上都有了新的要求。

三是发明了制墨模具，使墨品更加规范、美观、整洁，使用更加方便。易县有一个叫墨斗店的村庄，相传制墨高手曾在那里发明了墨模，从而大大提高了制墨质量。

四是制墨工艺更加精细先进。如上谷墨的各种优质原料按一定比例、一定程序配比后，需杵捣数万次方可达标。史料记载："廷珪之墨，松烟一斤之中，用珍珠三两，玉屑龙脑各一两，同时和以生漆捣十万杵。"当时，制墨高手中最著名的是奚家。奚鼐、奚鼎、奚超、奚廷珪尤为突出。他们制出的墨，一是经久耐用不变质。史书有"得其墨而藏者不下五六十年，胶败而墨更稠，放在水里三年不坏"之说。且"其坚如玉,其文如犀",写逾数十幅,也不费一、二分。宋范正敏《遁斋闻览》记载:宋大中祥符时(1008—1016),某贵族偶误遗廷珪墨一丸于池中,疑为水所坏,因不复取。既逾月,临池饮,又坠金器,乃令善水者取之,并得其墨,光色不变,表里如新。其人益宝藏之。二是书写质量明显提高,不仅字迹清新闪亮,而且对纸张等无腐蚀损坏,书写之物,久存不坏。三是因使用墨模,墨品规范美观整洁,规格各异,品种繁多,使用方便,所以深受文人墨客的喜爱。如奚廷珪所作之墨,有"剑脊龙纹圆饼、双脊鲤鱼、乌玉锭玦、蟠龙弹丸"等形式。四是由于配方中加入猪胆、珍珠、麝香、金铂、玉屑等十多种药物,因此有些墨可治疗"白秃头疮"、"吐血不止"、"赤白下疾"、"妇人逆产"、"堕胎血溢不止"、"风癣"、"痒痛"等病症。对此,李时珍在《本草纲目》中有明确的记载。正因为以上优点,使得奚墨变得极为珍贵,一般都是宫廷皇室使用,文人墨客很难得到,因此曾出现过"黄金易得,奚墨难求"的盛况。

唐中叶,特别是唐末,由于连年的战争,北方长期处于非常不安定的状态,很多易人外逃。易水著名制墨高手奚超便带着儿子奚廷珪及全家逃到了江南。当他们到达安徽歙县时,发现附近山上长满了适于制造好墨的茂密的松林,所以他们便在此定居下来,并重操制墨产业。他们把易水制墨工艺与歙县优质材料结合起来,改进了捣松和胶技术,制出了"丰肌腻理,光泽如漆"的佳墨,受到南唐后主李煜的赏识,于是赐给国姓李姓,奚超之子奚廷珪还担任了李煜的墨务官,从此李墨便名满天下了。